お繕いのテクニックで作る

ダーニングブローチ

野口 光

山と溪谷社

Part 1
ダーニングの**基本**　23

Part 2

ブローチの仕立て方 55

Part 3

ブローチのいろいろな楽しみ方 75

＊ブローチの作例に記載された
生地の大きさは、必要最小サイズです。
ダーニングマッシュルームや
刺繍フープのサイズに合わせて調整しましょう。

＊土台布の大きさは目安です。

＊本書に掲載の作品は
手作りを楽しむためのみにご利用ください。
店頭、販売サイト、ネットオークション、
フリーマーケットなどで販売することは
禁止されております。

ブローチは着こなしの最後の仕上げ。ショートケーキでいえば、イチゴのような存在です。
ブローチを添えることで、自分らしさを表現することができるのではないでしょうか。

この本は、私が10年かけて発展、進化させていったダーニング（手繕い）の基本や応用テクニックを
丁寧に掲載し、その技術を使ってブローチに仕立てる方法をご紹介します。
少しかしこまったデザインもありますが、「それはなに？」と聞かれてしまいそうな
ユニークなデザインも多くあります。そこから会話が始まるような、身に着ける人だけではなく、
見る人をも和ませるそんなブローチばかりです。

使う素材の多くは、昔、お土産でもらったハンカチ、家族が遺した服、
子どもが幼かったころの服といったものです。
もったいなくてはさみが入れられなかったお宝布を10cmだけ切ってみたり、
捨てられなかった衣類を解体してみたり、思い入れや縁のある素材をブローチに仕立てることで、
思い出がより身近に感じられ、自分らしい作品に仕上げることができるでしょう。

もちろんダーニングブローチの素材は新しく用意したものでも手持ちの残り布でもいいですし、
捨てられずにとっておいたリボン、壊れたネックレスのチャーム、蚤の市で見つけたボタンや
ビーズなども、縫いつけるだけで、家の棚で眠っていた大好きなものたちがあなたの胸もとで輝き始めます。

掲載された作品のなかから気に入ったものを見つけたら、それを参考にまずは1つ作ってみてください。
デザインを正確に再現する必要はありません。「なんとなく」真似して、「なんとなく」刺してみてください。
その「なんとなく」があなたらしさを引き出してくる重要なポイントになります。

ブローチに仕立てるだけでなく、服や小物の傷んだ箇所に縫い止めてダーニングパッチにしたり、
ヒモを縫いつけてバッグのチャームにしたりするのも良いでしょう。
ブローチ作りやソーイングなどで出た端切れは、偶然できた形を生かし、
コラージュブローチを作ってみてください。抽象画のような仕上がりが楽しめます。
さらに残った生地や糸はキルトピンに縫いとめると不思議なピンブローチができ上がります。

縫うのが苦手だったり、億劫だったりする方は、手芸のりで仕立てても良いでしょう。
この本には「こうしなければいけない」というルールはありません。
いつものお繕いや針仕事に、あなたの想像力をプラスすれば大丈夫。
「好きに作っていいと言われると困る」という方こそ、自分の「こうするべき」をほどいて
「なんとなく」の感覚を信じて針仕事に向き合ってみてください。
手のひらに収まるほどの小さな世界で、あなたの面白い世界が広がることを期待しています。

野口 光

a

b

a

b

作り方…P73

ダーニングやブローチ作りに使う道具

ダーニングブローチ作りに欠かせない道具から、あると便利なグッズまでご紹介。
それぞれの使い方や選び方を知って、自分に合ったものをそろえていきましょう。

基本の道具

ダーニングは、ダーニングマッシュルーム、糸、針、はさみがあれば、
すぐに始められます。手持ちの道具を使ってもいいでしょう。

ヘアゴム
ダーニングマッシュルームに布を固定するときに使用するゴム。市販のヘアゴムがあれば十分です。

刺繍フープ
布を挟んで固定するための道具。ピンと張ることで、ダーニングしやすくなり、縫いつれやヨレを防ぎます。

ダーニングマッシュルーム*
きのこの形をしたダーニング専用の道具。おたまやこけしなどでも代用できます。

裁ちばさみ
布を切るときに使います。布用、紙用、糸切り用を用途に合わせて使い分けることで、切れ味が長持ちします。

ものさし
布の分量や指定のサイズを測るときに使います。線を引くときは、方眼の目盛りが入った定規があると便利です。

糸切りばさみ
糸を切るときに使います。よく切れる小さいはさみは、糸切りだけでなく、細かい作業に適しています。

三角チャコ
布に印をつけるときに使います。くっきりと印がつけられ、手やブラシで払うと簡単に消すことができます。

縫い針
極細用の刺繍針（5番）、中細用の刺繍針（3番）、中太〜中細の編み物用のとじ針（15番）の3種類を使います。

菱形ワイヤータイプ スレダー（糸通し）
針に糸を通すとき、あると便利なグッズ。通しにくい糸も楽に通すことができます。糸通しともいいます。

しつけ糸
1本ずつ引き抜いて使う、かせタイプのしつけ糸。布がずれないように仮どめ（しつけ）するときに使います。

まち針
布を重ねて仮どめするときに使います。細いまち針は、布がずれにくく、針を刺した跡が残りません。

フックタイプ スレダー（糸通し）*
フック部分に糸を引っ掛けて針に糸を通すタイプ。太めの糸や本数の多い刺繍糸を楽に通すことができます。

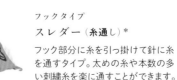

ブローチに使う材料

ブローチ作りに必要な材料をご紹介。ブローチピンを縫いつけなくても、
キルトピンやニットピンを通すだけで素敵なブローチに。

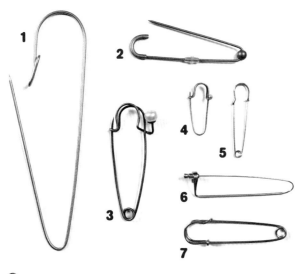

キルトピン

ストールや巻きスカートをとめるため
のアクセサリーパーツ。ストールピン、
カブトピンとも呼ばれています。

1 ワイヤー製キルトピン　キルトピン工房N

2 ネジ式キルトピン　CO-

3 シルバー✚パールキルトピン　Kilt pin studio

4 シルバー製キルトピン　Kilt pin studio

5 カブトピン　エルベール株式会社

6 シルバー／ステンレス製キルトピン　Kilt pin studio

7 アフリカのマーケットで購入したキルトピン

ニットピン・くるりんピン

コイルや突起がない
ので、布を傷つけるこ
とがなく、キャップ（留
め金）部分を下にして
つけることができます。

回転式ブローチピン

縫いつけるタイプのブローチ
ピン。ピンをロックすること
ができるので、ブローチの落
下防止になります。

手芸わた

ソフトブローチの中綿に使用
する手芸用のポリエステル
わた。布の切れ端や糸クズ
で代用することもできます。

缶バッジ

手芸用マカロン型
（プラスチック
つつみボタン）

瓶のフタ

ブローチ土台

マカロンブローチの土台に
使います。マカロン型だけで
なく、瓶のフタや缶バッジな
どでも作れます。

＊マカロン型をダーニングマッシュル
ームの代わりに使うこともできます。
＊マカロン型にはいろいろなサイズ
があります。

便利な道具

しつけや布端の始末など、
手間のかかる作業を楽にしてくれる便利グッズ。
常備しておくことで作業がはかどります。

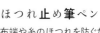

仮止め用スティックのり

まち針やしつけ糸を使わずに、あて
布の仮どめができます。乾くとのり
色は消え、水洗いで落とせます。

Sewline／株式会社ベステック

ほつれ止め筆ペン

布端や糸のほつれを防ぐた
めに使います。平らな筆先
で塗りやすく、乾いても硬く
なりにくいのが特長です。

株式会社KAWAGUCHI

ダーニングブローチ作りに
おすすめの糸と針の種類

1 刺し子糸
（DARUMA）

日本の伝統的な針仕事「刺し子」用の綿糸。ツヤのない素朴な風合いで、単色から段染めまでカラーバリエーションが豊富です。

針／フランス刺繍針3番

2 ボタンつけ糸
（ハイスパンボタンつけ糸／フジックス）

耐久性のあるボタンつけ専用のポリエステル糸。太さと強さを生かし、1本どりでも美しくダーニングすることができます。

針／フランス刺繍針3または5番

3 8番刺繍糸
（DMC）

パールのような光沢と滑らかな風合いが特長。糸の太さは刺し子糸とほぼ同じで、肌触りがよく、上品な雰囲気に仕上がります。

針／フランス刺繍針3番

4 25番刺繍糸
（マタルボン／**越前屋**）

ツヤをおさえた日本製の刺繍糸。綿100％で、ふっくらとボリュームがあるのが特長。糸のよりをほどいて、好みの本数で刺します。

針／フランス刺繍針3または5番
とじ針15番

5 リネン糸*

亜麻を原料にした天然繊維の糸。サマーセーターなどに使われる清涼感のある糸で、さらりとした麻独特の風合いが楽しめます。

針／フランス刺繍針3または5番

6 ラメ刺繍糸

キラキラ輝くラメがちりばめられた糸。部分的に使うだけで華やかな印象に。引っかかりの少ない糸が刺しやすくておすすめです。

針／フランス刺繍針3または5番

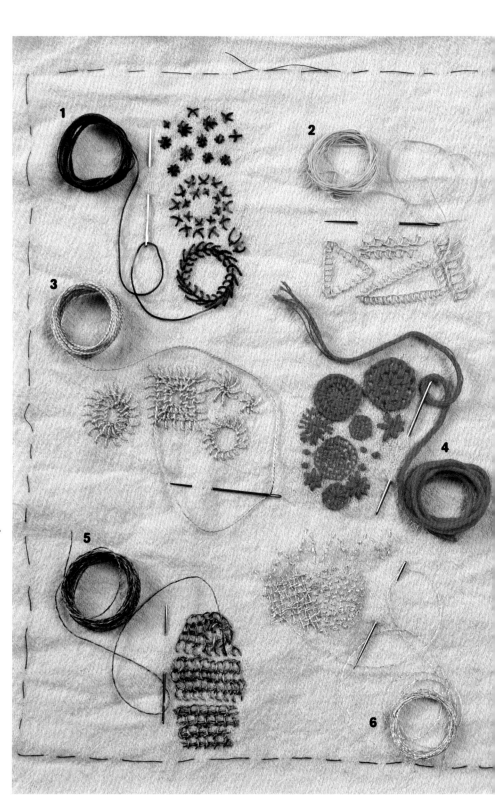

＊は「Darning by hikaru noguchi」のオリジナル商品です。

一口に糸といっても、色、太さ、用途、素材、製法など種類はさまざま。
まずは手持ちの糸を使って好みの色にダーニングしてみましょう。

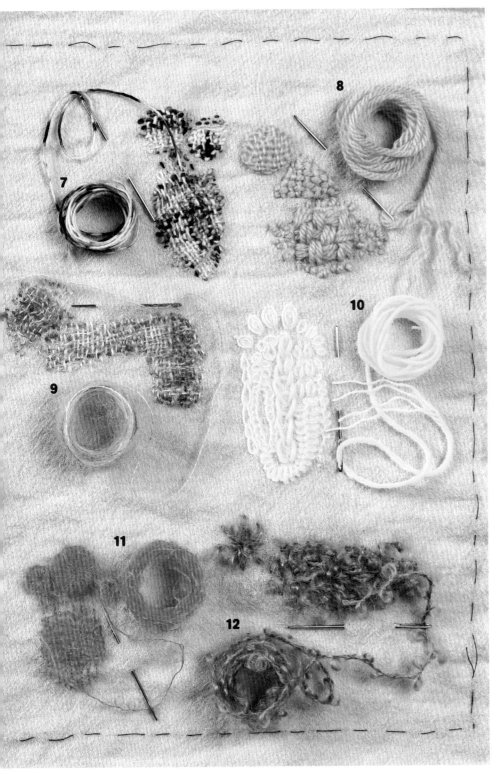

7 メリノウール糸*

メリノ種の羊から作られた、羊毛の中でもとくに繊維が細く伸縮性のある糸。ふっくらやわらかくダーニングすることができます。

針／フランス刺繍針3番

8 並太ウール糸

太めのストレートヤーンは、糸がすくいやすいのでダーニング初心者にもおすすめ。洗濯すると縮絨して強度が増す糸もあります。

針／フランス刺繍針3または5番

9 シルクモヘヤ糸*

シルクを芯にモヘヤで起毛させた軽くてフワフワした糸。段染め糸を使えば、色替えしなくても色の変化を楽しむことができます。

針／フランス刺繍針3番

10 蛍光色毛糸
（小巻Caféデミネオン／DARUMA）

アクリル100％ならではの鮮やかな発色を生かした蛍光色の毛糸。糸のよりをほどいて、細くして使うのもおすすめ。

針／フランス刺繍針3または5番

**11 細ブークレー
モヘヤ糸***

ブークレーとはフランス語で「輪になった」という意味で、糸のところどころに小さなループ状の毛足が出ているのが特徴です。

針／フランス刺繍針3番

**12 チャンキー
ブークレー
モヘヤ糸***

光沢が美しいブークレー糸。糸の表面がループ状になっているので、刺すだけでモコモコとした表情に仕上がります。

針／とじ針15番

ダーニングブローチ作りに使った布

ブローチに使っている土台やあて布のほとんどは、布の切れ端や処分する前の服を切ったもの。
新しい布を使う場合は、一度水で洗ってからアイロンをかけておくとよいでしょう。

1 シーチング（綿麻混紡）	**9** キュプラ（スカートの裏地から切り取った生地）
2 麻生地（エプロンから切り取った生地）	**10** ウール生地（セーターから切り取った生地）
3 綿オックスフォード	**11** コーデュロイ
（シャツから切り取った生地）	**12** 綿ジャージー（Tシャツから切り取った生地）
4 フリース（ジャケットから切り取った生地）	**13** 綿プリント生地
5 別珍	**14** デニム生地
6 綿シャンブレー	（デニムパンツから切り取った生地）
（スカートから切り取った生地）	**15** ニットモチーフ
7 綿ローン（ブラウスから切り取った生地）	（カーディガンから切り取ったもの）
8 綿ボイル	**16** 平織ウール生地

17 綿ツイード
18 縮絨したニット
（セーターからから切り取った生地）
19 フェルト
20 ポリエステル生地
（スカートから切り取った生地）
21 ウールリボン
22 ベルベットリボン

Part 1
ダーニングの基本

刺し始めと刺し終わりの基本

刺す前の準備から刺し終わりの糸始末まで、針仕事に必要な基本を解説します。
刺繍フープの使い方や服の裁断方法も、知っておくとブローチ作りの幅が広がります。

糸の通し方

糸に折り目をつけ、折り目を針穴に押し入れる方法。
しっかりと折り目をつぶすことで、糸が通しやすくなります。

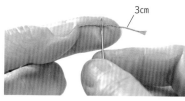

1 糸端から3cmくらいのところで針穴の側面を人差し指の腹にあてます。

2 針をあてたところで糸を2つに折り、指で糸をつぶすように押さえながら針を引き抜きます。

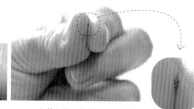

3 人差し指と親指を少し離すと糸の折り目がチラッと見えます。

指先を離しすぎないのがポイント!

4 折り目を針穴に通します。

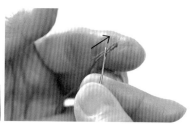

5 糸を引き、片方の糸端を引き抜きます。

スレダー（糸通し）の使い方

小さい針穴への糸通しがスムーズに。ワイヤーとフックタイプがあるので、針穴の大きさや糸の太さによって使い分けましょう。

菱形ワイヤータイプ

1 菱形ワイヤーを針穴に通します。

2 菱形ワイヤーに糸を通します。

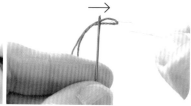

糸を引くときはここを持つ

3 菱形ワイヤーと持ち手の接続部分を持ち、糸通しを引いて、片方の糸端を引き抜きます。

フックタイプ

1 フックを針穴に差し込みます。

2 フックに糸をかけます。

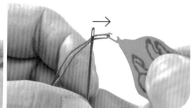

3 糸通しを引き、片方の糸端を引き抜きます。

玉結び

刺した糸が抜けないように、縫う前に糸端に結び玉を作ります。
この方法なら糸端がダマになったり、からまったりしません。

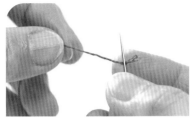

1 針に糸を通し、玉結びを作りたいところに針先をのせます。

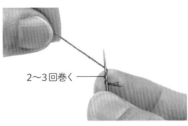

2〜3回巻く

2 糸を針に2〜3回巻きます。

3 巻いた糸を指先でしっかり押さえます。

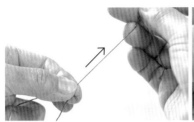

4 糸を引き、結び玉を糸端に寄せます。

玉結び

5 糸端が長すぎた場合は、はさみでカットします。

糸始末

ダーニングしたあとの糸始末は基本的に3種類。
ブローチに仕立てるときは、刺した糸はほどけないように玉どめをしましょう。

2cm残してカット

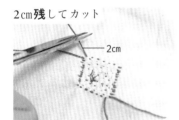

2cm

糸端を2cmくらい残してカットします。刺し始めや返し縫いした糸は、糸始末をしなくても抜けることはほとんどありません。

裏の縫い目にくぐらせる

1.5〜2cm

1 裏に渡った糸に針をくぐらせます。

2 糸を引きます。

3 余分な糸をはさみでカットします。

玉どめ

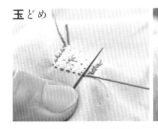

1 刺し終わりの糸の出ているところに針をあてます。

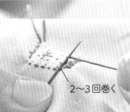

2〜3回巻く

2 糸を針に2〜3回巻きます。

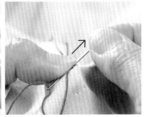

3 巻いた糸を指先でしっかり押さえ、糸を引いて結び玉を作ります。

玉どめ

4 余分な糸をはさみでカットします。

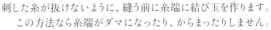

ダーニングマッシュルームの使い方

ダーニングをするとき、あると便利なダーニングマッシュルームの使い方を解説。
掲載作品の大半はダーニングマッシュルームを使っていますが、刺繍フープを使ったり、
何も使わずに刺したり、慣れている方法で作りましょう。

1 ダメージ部分の下からダーニングマッシュルームをあて、持ち手をにぎります。ゆるみがないように生地を少し広げます。布をセットする際、裏返す必要はありません。

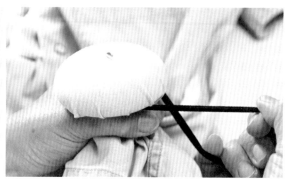

2 持ち手をにぎったまま、ダーニングマッシュルームの根元にヘアゴムをかけます。

3 ヘアゴムを2〜3周巻いて固定します。輪になっていないヘアゴムを使う場合は、ここで1回結びます（ほどけなくなるので固結びはしません）。

4 ダメージ部分がダーニングマッシュルームの傘の中央にきていて、生地にゆるみがない状態。

布端をダーニングする場合

布端がダーニングマッシュルームの2/3くらいのところにくるようにセットし、ヘアゴムで固定します。

ダーニングする範囲が大きい場合

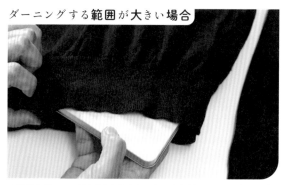

広範囲をダーニングするときや大きいあて布を縫いつけるときは、ダーニングマッシュルームは使わず、缶のフタや本などで代用すると作業しやすくなります。

刺繍フープの使い方

刺繍フープを使う場合は、裏に糸を引き出しても、布をすくいながらでもダーニングできます。
布の張り方がゆるいと、縫いつれや縫い縮みがおこりやすいので、
布はできるだけピンと張りましょう。伸びる布の場合は、引っ張りすぎに注意！

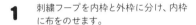

1 刺繍フープを内枠と外枠に分け、内枠に布をのせます。

2 ダメージ部分が中央にくるように外枠をはめます。

3 たるまないようにまわりの布を引っ張り、ネジを回して締めます。

服を裁断して布にする

セーター

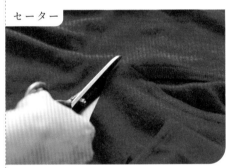

ジーンズ

生地は気に入っているけれど、着なくなった衣類は、裁断して布にしませんか。もう着ることはないと思っていても、裁断するのは心が痛むもの。そういうときは、「ありがとう」と声をかけて、袖や裾から切っていきます。大きめに切り、洗濯してアイロンをかけたら、衣類から布に戻ります。袖のカーブやシャツのポケットなどを眺めていると、デザインのヒントが思いつくかもしれません。

服から切り取った布は、洗濯してアイロンをかけておくことで、いつでもダーニングのあて布やブローチ作りに使えます。

なみ縫いのダーニング

手縫いの中で最も基本となる「なみ縫い」をベースにしたダーニング。
数針まとめて布をすくうと、効率よく縫うことができます。傷んだ箇所への軽い補強に適していて、
あて布を縫いつけたり、ギャザーを寄せたりするときにもなみ縫いを使います。

1 ダーニングマッシュルームに布をセットし、繕いたい部分にチャコで印をつけます。使用する糸を約50cmに切ります。

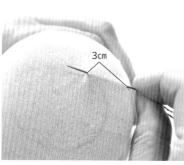

2 針に糸を通し、印から3cmくらい離れたところに針を入れ、印のところから針を出します。

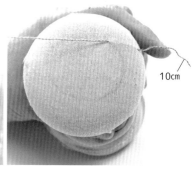

3 糸を引きます。このとき、糸端は玉結びせずに10cmくらい残しておきます。

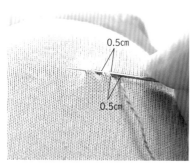

4 0.5cm間隔で針を入れて出し、2〜3目縫います。

5 糸を引きます。

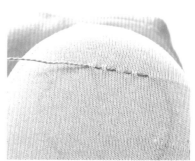

6 4〜5をくり返します。あえて針目を不揃いにしてもいいでしょう。

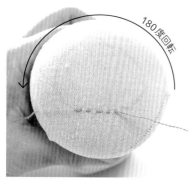

7 端まで縫ったら、ダーニングマッシュルームを180度回転させます。

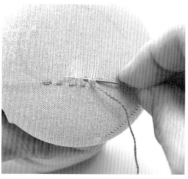

8 1列めの0.2〜0.3cm上に針を入れ、4〜5と同様に縫います。

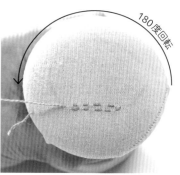

9 端まで縫ったら、ダーニングマッシュルームを180度回転させます。

使用布　　　　　　使用糸
少し傷みが　　　　8番刺繍糸
目立ってきたくつ下　ボタンつけ糸

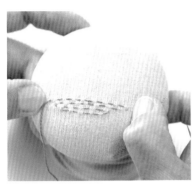

10 何列か縫ったら、布を軽く引っ張って糸のつれや縫い縮みを直します。

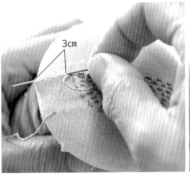

11 印から3cmくらい離れたところに針を出し、糸端を10cmくらい残してカットします。

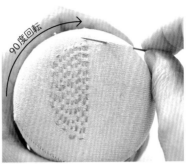

12 ダーニングマッシュルームを90度回転させ、新しい糸を針に通し、**2**と同様に針を出します。

13 **4**～**10**と同様に縫います。

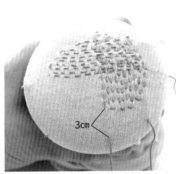

14 終わったら、印から3cmくらい離れたところに針を出し、糸端を10cmくらい残してカットします。

15 新しい糸を針に通し、ダーニングマッシュルームを180度回転させて**2**と同様に針を出します。

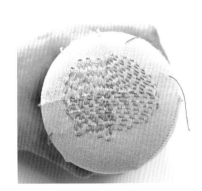

16 **4**～**10**と同様に縫います。

17 ダーニングマッシュルームをはずします。

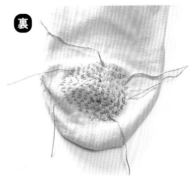

18 縫い始めと縫い終わりの糸を裏に引き出し、糸始末をします（P25）。

ゴマシオステッチのダーニング

ゴマのように小さな針目のダーニング。
裏はみっちり糸が渡り、なみ縫いよりも丈夫で伸縮性のある仕上がりです。お好みで裏表を逆にすることも。
ダーニングした布に差し色を入れたり、ブローチに仕立てたりするときにも便利なステッチです。

1 ダーニングマッシュルームに布をセットし、繕いたい部分にチャコで印をつけます。使用する糸を約50cmに切ります。

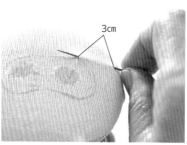

2 針に糸を通し、印から3cmくらい離れたところに針を入れ、印のところから針を出します。

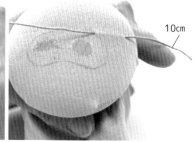

3 糸を引きます。このとき、糸端は玉結びせずに10cmくらい残しておきます。

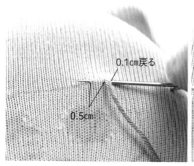

4 0.1cm戻って針を入れ、0.5cm先に針を出します。

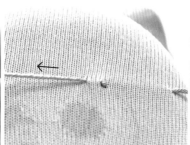

5 糸を引きます。ゴマシオが1つできました。

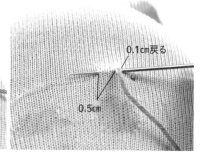

6 0.1cm戻って針を入れ、0.5cm先に針を出し、糸を引きます。

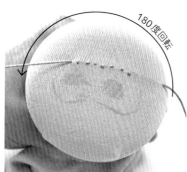

7 印の端まで刺したら、ダーニングマッシュルームを180度回転させます。

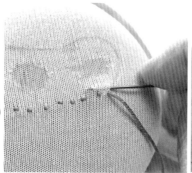

8 1列めの0.2〜0.3cm上に針を入れ、4〜5と同様に刺します。

9 印の端まで刺したら、ダーニングマッシュルームを180度回転させます。これをくり返します。

使用布
すり減って
スカスカになったくつ下

使用糸
ボタンつけ糸
8番刺繍糸

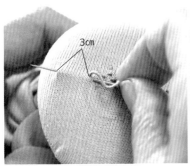

10 糸が短くなったら印から3cm離れたところに針を出し、10cmくらい糸端を残して切ります。

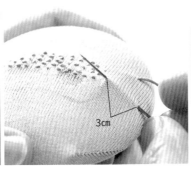

11 新しい糸を針に通し、印から3cm離れたところに針を入れ、印のところから出します。このとき、糸端を10cmくらい残して引きます。

12 **4〜5**と同様に刺します。

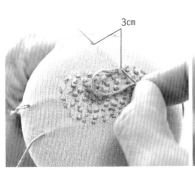

13 端まで刺したら印から3cm離れたところに針を出し、10cmくらい糸端を残して切ります。

14 刺し終わった状態。

表

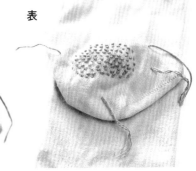

15 ダーニングマッシュルームをはずします。

裏

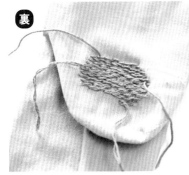

16 裏返して刺し始めと刺し終わりの糸を裏に引き出し、糸始末をします（P25）。こちら側を表にすることもできます。

なみ**縫い**
＋
ゴマシオステッチ

裏から刺したり、ステッチをクロスさせたりして可愛らしく補強。くつ下は、傷みが軽いうちにダーニングしておくと長持ちします。

なみ縫いとゴマシオステッチの応用

切ったり裂いたりした布を、なみ縫いやゴマシオステッチでアレンジ。
フリルや裂き布をラフに縫いつけることで、立体感のある仕上がりになります。

びろびろダーニング

使用布	使用糸
綿ローン	刺し子糸

1 針に糸を通して玉結びをし、テープ状に切った布の中央を大きな針目でなみ縫いをします。

2 10〜15針続けてなみ縫いをします（P28-29）。

3 糸を引き、ギャザーをよせた状態で玉どめをしてモチーフを作ります。

ゴマシオステッチ（P30-31）

4 モチーフを仮置きして、つける位置を決めます。

5 針に糸を通して玉結びをし、なみ縫いをした糸をまたぐように糸を渡して縫いとめます。

6 1〜3と同様にモチーフを作り、仮置きしてから5と同様に縫いつけます。

もしゃもしゃダーニング

使用布	使用糸
麻ヒッコリーストライプ生地	刺し子糸

1 はさみで布端に切り込みを入れます。

2 切り込みを入れたところから手で裂きます。

3 同じものを数枚作ります。

ゴマシオステッチ（P30-31）

4 ダーニングする部分に仮止め用のりを塗ります。

5 3の布をランダムに貼ります。

6 ゴマシオステッチで縫いとめます。

なみ縫いとゴマシオステッチで作る

ブローチ作例

パイルゴマシオステッチ

刺し方の基本は、ゴマシオステッチのダーニングと同様。P30の **5** で糸を引くとき、糸を引ききらず、ループ状に残しておきます。

布

No. 01 ランチプレート

出来上がりサイズ…直径6cm

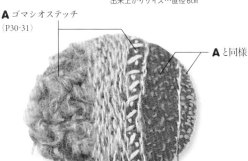

A ゴマシオステッチ（P30-31）

A と同様

裏からゴマシオステッチ（P30-31）

作り方

1 写真のように刺します。

2 マカロンブローチに仕上げます（P63-65）。

3 ブローチピンをつけます（P60-61）。

ゴマシオだけでどこまで遊べるかに挑戦したブローチ。1種類のステッチでも、糸のバリエーションでさまざまな変化が楽しめます。

土台布

表…綿ジャージー（Tシャツから切り取った生地13×13cm）、中綿…手芸わた

裏…フェルト（裏地9×9cm）

＊マカロン型は直径6cmを使用しています。

No. 02 シナモンレッドの花

出来上がりサイズ…たて10×よこ10cm

裏からゴマシオステッチ（P30-31）

パイルゴマシオステッチ

チェーンステッチ（P54）

ゴマシオステッチ（P30-31）

インド更紗の切れ端を使い、花の模様ができるだけ入るように切り取りました。立体感を出すために、少し盛り気味に刺しています。

作り方

1 写真のように刺します。

2 ソフトブローチに仕上げます（P56-57）。

3 キルトピンをつけます（P62）。

土台布

表・裏…インド更紗（木版綿プリント生地20×20cmを2枚）

中綿…手芸わた

No. 03 アフターカオス

出来上がりサイズ…たて8×よこ26cm

作り方

1 写真のように刺します。

2 ソフトブローチに仕上げます（P56-57）。

3 キルトピンをつけます（P62）。

土台布

表・裏…綿麻の生地（35×15cmを2枚）

中綿…手芸わた

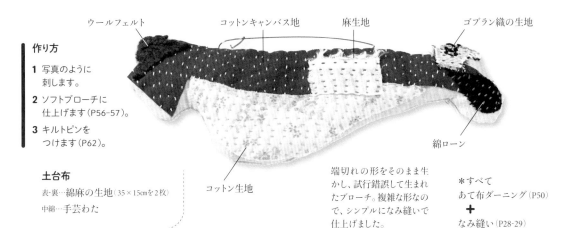

ウールフェルト

コットンキャンバス地

麻生地

ゴブラン織の生地

綿ローン

コットン生地

端切れの形をそのまま生かし、試行錯誤して生まれたブローチ。複雑な形なので、シンプルになみ縫いで仕上げました。

＊すべて
あて布ダーニング（P50）
＋
なみ縫い（P28-29）

ブランケットステッチのダーニング

縁の傷みを補修するのに適したダーニング。
伸縮性があるので、セーターやスウェットなどの
袖口や裾のお繕いにおすすめです。

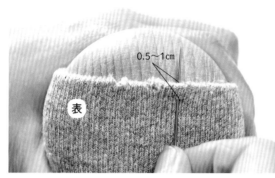

1 ダーニングマッシュルームの2/3のところに布端がくるようにセットします。使用する糸を約50cmに切ります。針に糸を通し、布端から0.5〜1cmのところに針を入れ、裏に出します。

2 糸を引きます。このとき、糸端は玉結びせずに10cmくらい残しておきます。

3 0.3〜0.5cm離して針を入れます。

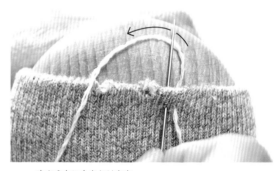

4 右から左に糸をかけます。

5 糸を軽く引きます。

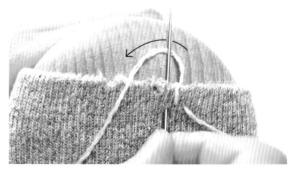

6 **3**〜**4**と同様に針を入れて糸をかけます。

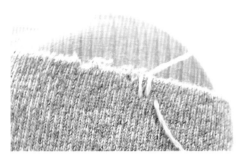

7　糸を軽く引きます。

8　**3〜5**をくり返します。ステッチの間隔や長さは、そろえても不ぞろいにしてもいいでしょう。

9　糸始末をします。まずダーニングマッシュルームをはずし、**3〜4**と同様に裏から表に針を入れ、左から右に糸をかけます。

10　糸を引き、裏に渡った糸に針をくぐらせます。刺し始めの糸も同様に始末します（P25）。

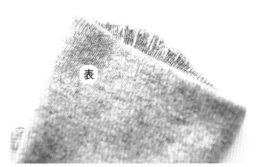

11　余分な糸をはさみでカットします。

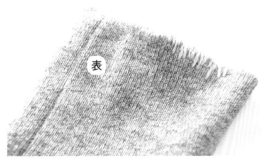

12　ブランケットステッチのダーニングの完成です。傷み具合によって、この上からゴマシオステッチのダーニングを重ねるのもおすすめです。

ハニカムステッチのダーニング

シミやすり減ってスカスカになったところはもちろん、
穴のあいたところにも使える万能なダーニングです。伸縮性があって肌なじみがよく、
裏は花火のような点々模様ができるので主張しすぎず、裏表を逆にもできます。

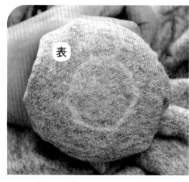

1 ダーニングマッシュルームに布をセットし、繕いたい部分にチャコで印をつけます。使用する糸を約50cmに切ります。

2 針に糸を通し、印から3cmくらい離れたところに針を入れ、印のところから針を出します。

3 糸を引きます。このとき、糸端は玉結びせず10cmくらい残しておきます。

4 0.3〜0.5cm離して針を入れ、0.5cmくらい布をすくって針を出します。

5 右から左に糸をかけます。

6 糸を軽く引きます。引きすぎないように注意!

7 0.3〜0.5cm離して針を入れ、0.5cmくらい布をすくって針を出し、右から左に糸をかけ、軽く糸を引きます。

8 **1**でつけた印に沿って**7**をくり返し、糸が短くなったら針から糸をはずして糸替えをします。

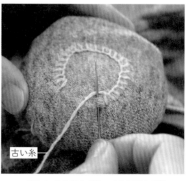

9 新しい糸を針に通し、**4**と同様に刺して、古い糸を針にかけます。

使用布　　　　使用糸
シミが目立つ　ウール糸
スウェットパーカ　カシミヤ糸
　　　　　　　モヘヤシルク糸

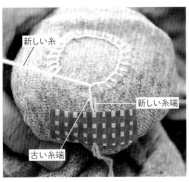

10 新しい糸の糸端を10cmくらい残して引き、糸端をマスキングテープでとめます。

11 新しい糸で**7**をくり返し、1周刺したら1針めの糸をひろいます。

12 糸を引きます。これで1周刺せました。

13 1周めの内側から針を入れ、中心に向かって0.5cmくらい布をすくって針を出し、右から左に糸をかけます。

14 **13**をくり返し、1周刺したら1針めの糸をひろいます。2周め以降は1目飛ばしたり、1目に2針刺したりしてもいいでしょう。

15 **13〜14**をくり返し、中心まで埋めていきます。糸が短くなったら、**8〜10**と同様に糸を替えます。

16 中心に針を入れ、ダーニングした部分の外側に針を出して糸を引き、ダーニングマッシュルームをはずします。

17 刺し始めと刺し終わりのすべての糸を裏に引き出し、裏に引き出したすべての糸を始末します（P25）。こちら側を表にすることもできます。

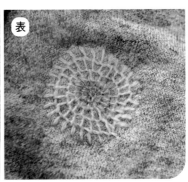

18 ハニカムステッチのダーニングの完成です。

平行移動ハニカムステッチのダーニング

下から上に平行移動しながらブランケットステッチを重ね、ダーニングをしていく手法。
表と裏とで印象が違い、どちらを表にしても素敵です。
長方形だけでなく、三角形にも刺すことができます。

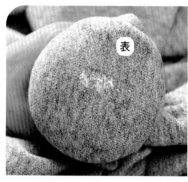

1 ダーニングマッシュルームに布をセットし、繕いたい部分にチャコで四角く印をつけます。使用する糸を約50cmに切ります。

2 針に糸を通し、印から3cmくらい離れたところに針を入れ、印の左下から針を出します。

3 糸を引き、印の右下に糸を渡します。このとき、糸端は玉結びせず10cmくらい残しておきます。

4 角は糸の上から針を入れ、上方向に0.5cmくらい布をすくって針を出します。

5 右から左に糸をかけます。

6 糸を軽く引きます。

7 0.2〜0.3cm離して針を入れ、0.5cmくらい布をすくって針を出し、右から左に糸をかけます。

8 糸を軽く引きます。

9 7〜8をくり返し、印の左端まで刺します。

10 糸が出ている1列めの内側に針を入れ、上方向に0.5cmくらい布をすくって針を出し、左から右に糸をかけます。

11 糸を軽く引き、**7**〜**8**と同様に刺します。

12 穴のあいた部分も**7**と同様に刺していきます。糸が短くなったら針から糸をはずします。

13 糸替えします。新しい糸を針に通し、印から3cmくらい離れたところから**10**と同様に針を入れ、古い糸を左から右にかけます。糸端を10cmくらい残して糸を引き、糸端をマスキングテープでとめます。

14 **7**〜**8**をくり返します。1目飛ばしたり、1目に2針刺したりしてもいいでしょう。

15 印の内側が埋まったら、刺し終わりの位置に針を入れ、3cmくらい離れたところに針を出します。

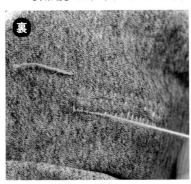

16 糸始末をします。まずダーニングマッシュルームをはずし、刺し始めと刺し終わりのすべての糸を裏に引き出し、始末します（P25）。

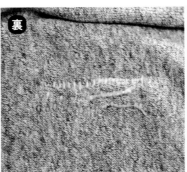

17 すべての糸を同様に始末します。

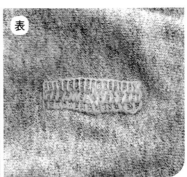

18 平行移動ハニカムステッチのダーニングの完成です。

ハニカムフラワーステッチのダーニング

ブランケットステッチを応用し、花の形のようにダーニングをする手法。
小さな穴の補強をしながらアクセントにすることも。
花びらの数を増やしてボリュームを出しても可愛く仕上がります。

1 ダーニングマッシュルームに布をセットします。ダーニングする部分にチャコで十字に印をつけると刺しやすくなります。使用する糸を約50cmに切ります。

2 印から3cm離れたところから針を入れ、印の中心に針を出します。

3 糸を引きます。このとき、糸端を10cmくらい残しておきます。

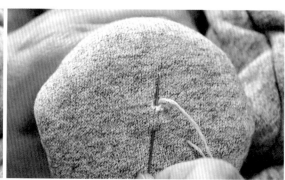

4 印の端に針を入れ、中心から出します。

5 右から左に糸をかけます。

6 糸を引きます。

7 0.3〜0.5cm離して針を入れて中心に出し、右から左に糸をかけます。

8 7をくり返し、1周刺したら1針めの糸をひろいます。

9 糸を引きます。穴がふさがらなかったら、さらに4〜6をくり返します。

10 中心に針を入れます。

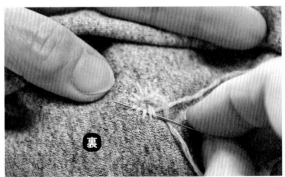

11 糸始末をします。まずダーニングマッシュルームをはずして裏に針を出し、裏に渡った糸に針をくぐらせて糸を始末します（P25）。

12 ハニカムフラワーステッチのダーニングの完成です。

41

タンバリンステッチのダーニング

使用布
スウェットパーカ

使用糸
ウール糸
＊使用する糸は約50cmに
切っておきます。

ハニカムステッチのダーニングとは反対に、中心から外側に向かって円を描いていく手法で、
自在に円を広げていくことができます。小さなシミの上に刺すのにも重宝します。
扇形にしたり、裏表を逆にしたりもできる万能ステッチです。

1 ダーニングマッシュルームに布をセット
し、ダーニングする部分にチャコで十字
に印をつけます。中心に針を入れ、1cm
くらい離れたところから出します。

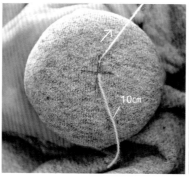

2 糸を引きます。このとき、糸端は玉結び
せず10cmくらい残しておきます。

3 中心に針を入れて0.3～0.5cm離れたと
ころから出し、右から左に糸をかけます。

4 糸を軽く引きます。ハートの半分のよう
な形が理想です。

5 中心に針を入れて0.3～0.5cm離れた
ところから出し、右から左に糸をかけて
軽く引きます。

6 5をくり返し、1周刺したら1針めの糸を
ひろいます。

7 刺し終わりの位置に針を入れます。赤印
のところをたてまつりでとめます（P54）。

8 糸始末をします。まずダーニングマッ
シュルームをはずして裏に針を出し、
裏に渡った糸に針をくぐらせます。

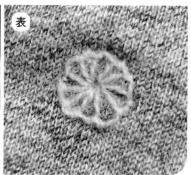

9 タンバリンステッチのダーニングの完成
です。

タンバリンステッチを**広げる方法**

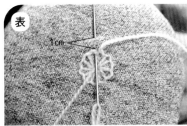

1 P42の**1**〜**6**と同様にタンバリンステッチをし、1周めの内側に針を入れて1cmくらい布をすくって出します。

2 右から左に糸をかけます。

3 1周めの内側に針を入れて0.5cm離れたところから出し、右から左に糸をかけます。

4 1目飛ばしたり、1目に2針刺したりしてもいいでしょう。1周刺したらP42の**6**と同様に1針めの糸をひろい、刺し終わりの位置に針を入れます。

5 ダーニングマッシュルームをはずして裏に針を出し、裏に渡った糸に針をくぐらせます。

6 2周めのタンバリンステッチのダーニングの完成です。さらに広げる場合は、**3**で針を出す位置を広げながら**1**〜**4**をくり返します。

扇形タンバリンステッチの**ダーニング**

使用布	使用糸
スウェットパーカ	麻混毛糸

1 ダーニングマッシュルームに布をセットし、ダーニングする部分にチャコで半円形の印をつけます。印の直線部分の中心に針を入れて端から出し、糸を引きます。糸端は10cmくらい残しておきます。

2 **1**と同じ位置に針を入れ、左に0.3〜0.4cm離して印の上に出し、右から左に糸をかけて軽く引きます。

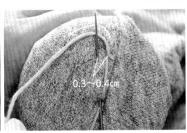

3 **2**と同じ位置に針を入れ、0.3〜0.4cm離して印の上に出し、右から左に糸をかけます。

4 **3**をくり返し、刺し終わりの位置に針を入れます。

5 裏に針を出し、糸始末をします(P25)。

6 扇形タンバリンステッチのダーニングの完成です。さらに広げる場合は「タンバリンステッチを広げる方法」と同様に刺していきます。

ハニカムステッチとタンバリンステッチで**作る**

ブローチ作例

No. **04** 夜空

出来上がりサイズ
…たて5×よこ4.5cm

平行移動ハニカム
ステッチ (P38-39)

← 糸端を始末せずに
たらす

作り方

1 写真のように
刺します。

2 ミルフィーユブローチに
仕上げます(P58)。

3 ブローチピンを
つけます(P60-61)。

土台布

レーヨン混薄手の
デニム生地3枚重ね(各5×4.5cm)

手持ちのシルバーのラメ糸を使
い、平行移動ハニカムステッチで
三角形に刺してみたら、不思議な
形が浮かび上がってきました。

No. **05** シーバブル

出来上がりサイズ…直径7.5cm

密に刺した
ハニカムフラワー
ステッチ (P40-41)

トラッドな印象のオックス
フォードのシャツを切り取
り、シルクウールの糸で
丸く刺したら、泡のような
ブローチができました。

作り方

1 写真のように刺します。

2 マカロンブローチに仕上げます(P63-65)。

3 ブローチピンをつけます(P60-61)。

土台布

表…オックスフォード生地
(シャツから切り取った生地16×16cm)

中綿…手芸わた

裏…綿麻シーチング(9×9cm)

＊マカロン型は直径7cmを使用しています。

No. **06** ルインズ

出来上がりサイズ
…たて9×よこ13cm

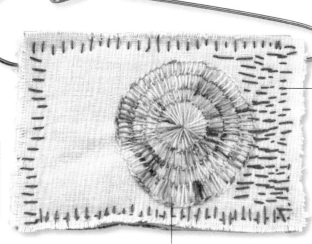

作り方

1 写真のように
刺します。

2 ミルフィーユブローチに
仕上げます(P58)。

3 キルトピンを
つけます(P62)。

土台布

上から綿麻の古布
ウールフェルト
インド綿
(すべて9×13cm)

裏から
平行移動ハニカム
ステッチ
(P38-39)

布を何層にも重ねた
ミルフィーユ仕立ての
ブローチ。極度に乾
燥した地域にある遺
跡のようなので「ル
インズ」と名づけました。

タンバリンステッチ (P42-43)

No. 07 ボケの花

出来上がりサイズ…直径5cm

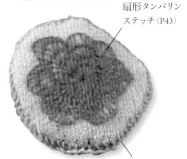

扇形タンバリン
ステッチ（P43）

ブランケット
ステッチ（P34-35）

作り方

1 写真のように
刺します。

2 ソフトブローチに
仕上げます（P56-57）。

3 くるりんピンを
つけます（P61）。

土台布

表・裏…ウールガーゼ2枚重ね（各7×7cm）
中綿…手芸わた

扇形のタンバリンステッチだけで作れる花模様のブローチ。布と糸の合わせ方で違う印象になるので、いくつも作ると楽しいです。

No. 08 ビデオゲーム

出来上がりサイズ…直径6cm

平行移動ハニカム
ステッチ（P38-39）

作り方

1 写真のように刺します。

2 マカロンブローチに仕上げます（P63-65）。

3 キルトピンをつけます（P62）。

土台布

表・裏…綿ジャージー（Tシャツから切り取った生地13×13cm、8×8cm）
中綿…手芸わた

＊直径6cmの缶バッジを使用しています。

ビデオゲームのイメージで、ケミカルな糸をふんだんに使いました。好きだったゲームのBGMを口ずさみながら作ってみては？

ゆるく刺した
平行移動ハニカム
ステッチ（P38-39）

平行移動ハニカム
ステッチ（P38-39）

糸端を始末せずに
たらす

No. 09 波のプール

出来上がりサイズ…たて10×よこ8.5cm

作り方

1 写真のように刺します。

2 ニットピンをつけます（P61）。

土台布

綿ジャージーを2枚重ねる
（Tシャツから切り取った生地10×8.5cmを2枚）

伸縮性のある布にやわらかいリネン糸で刺したら、エッジが出ず、ユニークな表情に。たらした糸がまるで水しぶきのようです。

バスケットステッチのダーニング

たて糸とよこ糸を交互に織り込んでいく、最もベーシックで伝統的なダーニングのテクニックです。
ここでご紹介するのは、よこ糸を渡しながら土台の布を少しずつひろって刺していくイングリッシュスタイル。
土台の布と糸がよくなじむのが特長です。

1 ダーニングマッシュルームに布をセットし、傷んだ部分の0.5cm外側にチャコで四角く印をつけます。使用する糸を約50cmに切ります。

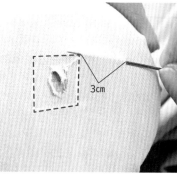

2 針に糸を通し、印から3cm離れたところに針を入れ、印の右上の角から針を出します。

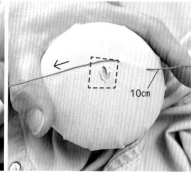

3 糸を引きます。このとき、糸端を10cmくらい残しておきます。

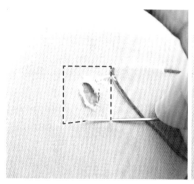

4 印の右下の角を小さく1針（0.2cmくらい）すくいます。

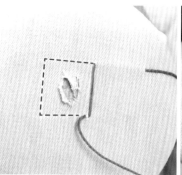

5 糸を引きます。たて糸が1本渡りました。

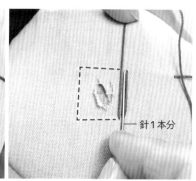

6 真上に糸を渡し、針1本分の間隔を確認します。

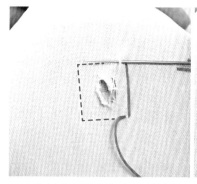

7 針1本分間隔をあけて小さく1針すくいます。

8 糸を引きます。

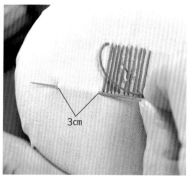

9 7〜8をくり返し、印の端まで刺したら印から3cm離れたところに針を出します。

10 糸を引き、糸端を10cmくらい残して切ります。たて糸が渡りました。

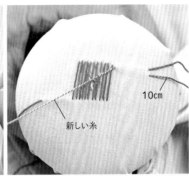

11 よこ糸を渡します。新しい糸を針に通し、印から3cm離れたところに針を入れ、印の右上の角から出します。

12 糸を引きます。このとき、糸端を10cmくらい残しておきます。

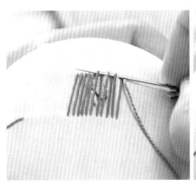

13 土台の布を少しすくいながら、たて糸を1本ずつ交互に針でひろいます。このとき、1本めはとばし、2本めはくぐらせ……をくり返します。

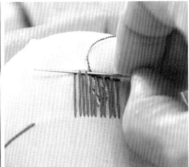

14 糸を引き、**13**と同様に刺していきます。

15 1段めのよこ糸が刺せました。

16 右から左へ小さく1針（0.1〜0.2cm）布をすくいます。

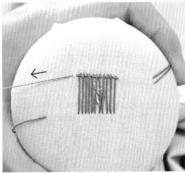

17 糸を引きます。よこ糸が1列刺せました。

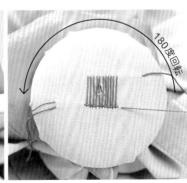

18 ダーニングマッシュルームを180度回転させます。

47

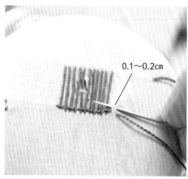

19 右端の布を、右から左へ小さく1針（0.1 ～0.2cm）すくいます。

20 P47の**13**～**17**と同様によこ糸を刺します。2列めは、1列めと逆に1本めはくぐらせ、2本めはとばし……をくり返します。

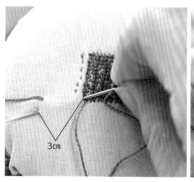

21 左端の布を、右から左へ小さく1針（0.2 ～0.3cm）すくいます。

22 P47の**18**～P48の**21**をくり返し、印の端まで刺したら印から3cm離れたところに針を出します。

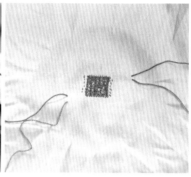

23 よこ糸が刺し終わった状態。

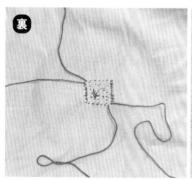

24 ダーニングマッシュルームをはずします。

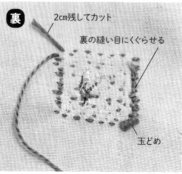

25 刺し始めと刺し終わりの糸を裏に引き出します。

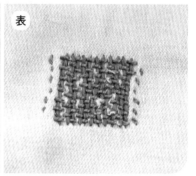

26 引き出した糸を好みの方法で始末します（P25）。

27 バスケットステッチのダーニングの完成です。アイロンのスチームをあてると、針目が整って布に馴染みます。

バスケットステッチで**作る**
ブローチ**作例**

No. 10 マリー

出来上がりサイズ…直径8cm
タッセル7.5cm

バスケット
ステッチ(P46-48)

タッセル(P59)

作り方

1 写真のように刺します。

2 ソフトブローチに
仕上げます(P56-57)。

3 縫い目のすき間に
タッセルを入れ込んで
縫いとめます。

4 キルトピンを
つけます(P62)。

土台布

表…綿ローン(17×17cm)

中綿…手芸わた

裏…ジャージー
(水着から切り取った生地10×10cm)

正方形のバスケットを規
則的に配置したら、幾何
学的な模様ができました。
ふんわりしたタッセルを
合わせてやさしい印象に。

No. 11 雨の中のネオン

出来上がりサイズ…たて9.5×よこ9cm

バスケットステッチ
(P46-48)

厚手のデニムを使うことで、エッジの
きいた八角形に。濃紺のデニムに鮮
やかな色の糸で刺したバスケットス
テッチが際立ちます。

作り方

1 写真のように刺します。

2 ソフトブローチに仕上げます(P56-57)。

3 ブローチピンをつけます(P60-61)。

土台布

表・裏…デニム生地(19×19cm、11×11cm)

中綿…手芸わた

No. 12 ツイードの切り絵

出来上がりサイズ…直径7cm

作り方

1 写真のように刺します。

2 マカロンブローチに仕上げます(P63-65)。

3 ブローチピンをつけます(P60-61)。

土台布

表…ツイード生地(15×15cm)

中綿…手芸わた

裏…コーデュロイ(裏地9×9cm)

*マカロン型は直径7cmを使用しています。

バスケット
ステッチ(P46-48)

土台に使ったツイード生地の色
に合わせて糸の色を選んだら、ま
るで経年劣化したような味のある
色合いに仕上がりました。

あて布ダーニング

使用布
綿カシミヤセーター
綿コーデュロイ
綿麻シーチング

使用糸
ボタンつけ糸

大きな穴があいたり布が裂けたりしたとき、補強に役立つあて布ダーニング。
かわいい柄やきれいな色のあて布を使い、いろいろな糸でステッチすることで
補強しながらアクセントに。同系色で目立ちすぎないようにすることもできます。

1 布をはさみで切ったり、手で裂いたりして好きな形のあて布を作ります。布端のほつれが気になる場合は、ほつれ止めを塗ります。

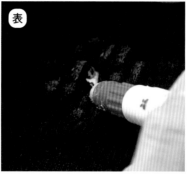

2 繕いたい部分に仮止め用のりを塗ります。

3 あて布を貼ります。針にしつけ糸を通し、まわりを大きな針目でなみ縫いします。

4 **3**を裏返し、ダーニングマッシュルームをセットします。

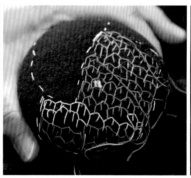

5 **A**のしつけ糸の内側にジグザグに平行移動ハニカムステッチのダーニングをします（P38-39）。

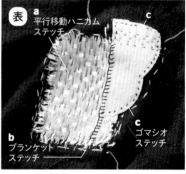

6 ダーニングマッシュルームをはずして表に返します。ダーニングマッシュルームをセットし直し、**a**（P38-39）、**b**（P34-35）、**c**（P30-31）で刺します。

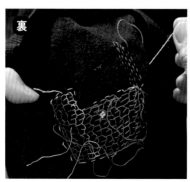

7 刺し始めと刺し終わりの糸を裏に引き出します。しつけ糸をはずします。

8 引き出した糸を始末します（P25）。

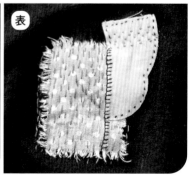

9 あて布ダーニングの完成です。

あて**布**ダーニングで作る
ブローチ**作例**

No.13 ビスケット

出来上がりサイズ
…たて12.5×よこ15.5cm

平行移動ハニカムステッチ（P38-39）

ゴマシオステッチ（P30-31）

ウールレース
＋
平行移動ハニカム
ステッチ（P38-39）
＋
ゴマシオステッチ
（P30-31）

ウール生地
＋
ゴマシオ
ステッチ
（P30-31）

バスケット
ステッチ（P46-48）

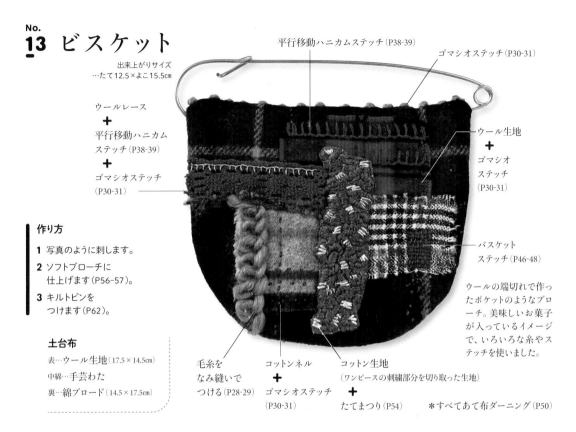

作り方
1 写真のように刺します。
2 ソフトブローチに
仕上げます（P56-57）。
3 キルトピンを
つけます（P62）。

土台布
表…ウール生地（17.5×14.5cm）
中綿…手芸わた
裏…綿ブロード（14.5×17.5cm）

毛糸を
なみ縫いで
つける（P28-29）

コットンネル
＋
ゴマシオステッチ
（P30-31）

コットン生地
（ワンピースの刺繍部分を切り取った生地）
＋
たてまつり（P54）

ウールの端切れで作っ
たポケットのようなブ
ローチ。美味しいお菓子
が入っているイメージ
で、いろいろな糸やス
テッチを使いました。

＊すべてあて布ダーニング（P50）

ゴマシオステッチ
（P30-31）

平行移動ハニカムステッチ（P38-39）

裏からハニカムステッチ（P36-37）

No.14 くらげ

出来上がりサイズ…たて7×よこ6cm

作り方
1 写真のように刺します。
2 ソフトブローチに仕上げます（P56-57）。
3 ブローチピンをつけます（P60-61）。

土台布
表・裏…リネン生地（9×8cmを2枚）
中綿…リネン生地の切れ端

ハニカム
ステッチ
（P36-37）

バスケットステッチ（P46-48）

リネン生地の耳（フワフワし
た部分）を生かして涼しげ
なブローチに仕立てました。
詰め物にもリネン生地の
切れ端を使っています。

＊すべて麻生地であて布ダーニング（P50）

15 ピーコック

出来上がりサイズ…たて143×よこ13cm

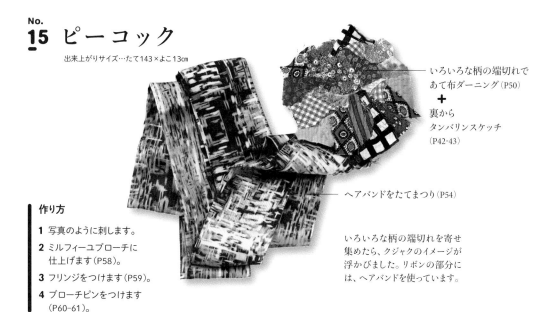

いろいろな柄の端切れで
あて布ダーニング（P50）
＋
裏から
タンバリンスケッチ
（P42-43）

ヘアバンドをたてまつり（P54）

作り方

1 写真のように刺します。

2 ミルフィーユブローチに
仕上げます（P58）。

3 フリンジをつけます（P59）。

4 ブローチピンをつけます
（P60-61）。

いろいろな柄の端切れを寄せ
集めたら、クジャクのイメージが
浮かびました。リボンの部分に
は、ヘアバンドを使っています。

土台布

表・裏…コットン生地（13×13cmを2枚）
中綿…手芸わた

16 真夏の日差し

出来上がりサイズ…たて12.5×よこ13.5cm

作り方

1 写真のように刺します。

2 ミルフィーユブローチに仕上げます（P58）。

3 キルトピンをつけます（P62）。

土台布

上から綿ピケ生地
絹生地
綿ボイル
（すべて12.5×13.5cm）

裏からハニカムステッチ（P36-37）

しずく形に切った
綿コーデュロイ
＋
なみ縫い（P28-29）

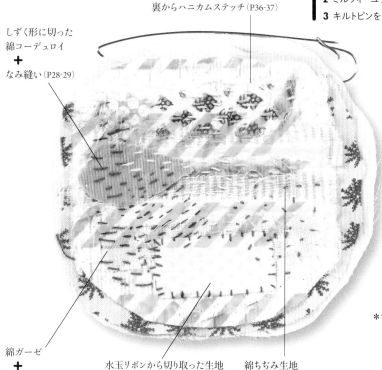

綿ガーゼ
＋
なみ縫い（P28-29）

水玉リボンから切り取った生地
＋
たてまつり（P54）

綿ちぢみ生地
＋
裏から平行移動ハニカムステッチ（P38-39）

セミの羽のように透ける
布を重ね、いろいろな
ステッチで縫いとめまし
た。透けて見える柄が、
まるで真夏の眩しい光
のようです。

＊すべてあて布ダーニング（P50）

No. 17 影と光が交差するところ

*すべてあて布ダーニング(P50)

出来上がりサイズ…たて9×よこ16cm

作り方

1 写真のように刺します。

2 ソフトブローチに
  仕上げます(P56-57)。

3 キルトピンを
  つけます(P62)。

土台布

表…ウール平織生地(11×18cm)

中綿…手芸わた

裏…平織コットン生地
(シャツを切り取った生地11×18cm)

コットン生地
＋
たてまつり(P54)

コットン生地
＋
裏から平行移動
ハニカム
ステッチ(P38-39)

綿ローン
＋
なみ縫い(P28-29)

麻ストライプ生地
＋
ゴマシオステッチ
(P30-31)

レーヨン混薄手のデニム生地
＋
裏から平行移動ハニカムステッチ(P38-39)

麻ストライプ生地
＋
なみ縫い(P28-29)

裁断した布や裁縫
箱で眠っていた布
をコラージュ。偶然
できた形を生かし、
構図やステッチな
どを考えている時
間が楽しいです。

No. 18 プレシャス

出来上がりサイズ…たて10×よこ10cm

スパンコール(P54)

コットン生地
＋
フェザーステッチ(P54)

デニム生地
＋
ゴマシオステッチ
(P30-31)

綿ローン
＋
Yステッチ(P54)

刺繍ファブリック
＋
フレンチノットステッチ(P54)

チャンキーブークレーモヘヤ糸で
縁を飾る(P57)

ビーズステッチ(P54)

ウールニット
＋
裏から
平行移動ハニカム
ステッチ
(P38-39)

綿ローン
＋
ブランケットステッチ
(P34-35)

麻生地
＋
レイジーデイジーステッチ
(P54)

コーデュロイ
＋
タンバリンステッチ
(P42-43)

*すべてしずく形に切った布であて布ダーニング(P50)

作り方

1 写真のように刺します。

2 ソフトブローチに仕上げます(P56-57)。

3 キルトピンをつけます(P62)。

土台布

表…麻生地(エプロンから切り取った生地12×12cm)

中綿…手芸わた

裏…ウールガーゼ生地(12×12cm)

土台に長年愛用した麻
布のエプロンを使用。鮮
やかなピンクに合わせ、
楽しくなるような色の糸
で可愛らしさ満点に仕上
げました。

いろいろなステッチ

ダーニングマッシュルームをセットすると、裏に糸が引き出せないので、
布をすくいながら刺すのが基本。針目がきれいにそろわなくても大丈夫！
これが正解という決まりはないので、自分に合った刺し方を見つけましょう。

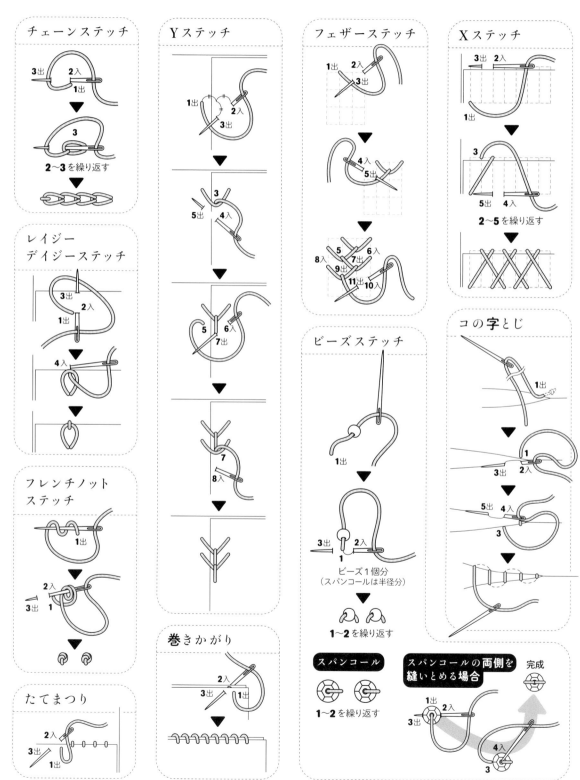

Part 2
ブローチの仕立て方

ソフトブローチの作り方

表布と裏布を中表に縫い合わせ、中にわたを詰めたソフトブローチ。
わたの代わりに、布の切れ端や糸クズを使うことも。
ギュッと詰めすぎず、薄めに仕上げると大人っぽい印象になります。

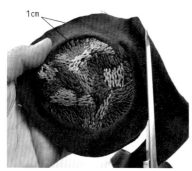

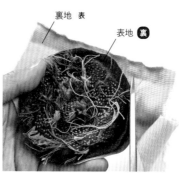

裏地 表
表地 裏

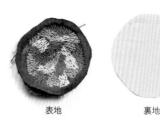

表地　裏地

1 縫い代を1cmくらい残し、ステッチし終わった布のまわりを切り落とします。

2 裏地を中表に合わせ、表地と同じサイズに切ります。

3 表地と裏地を同じサイズに切ったところ。

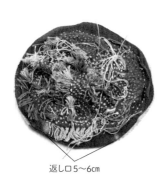

返し口5〜6cm

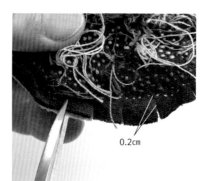

0.2cm

返し口

4 3を中表に合わせてまち針でとめます。針に糸を通し、返し口を5〜6cm残してでき上がり線をゴマシオステッチのダーニングで縫います（P30-31）。

5 縫い代に切り込みを入れます。このとき、縫った糸を切らないように0.2cmくらい縫い代を残します。

6 返し口から表に返します。

7 わたを小さめにちぎり、返し口から少しずつ入れます。

8 返し口の縫い代を内側に入れ込み、まち針でとめてコの字とじでとじます（P54）。

9 きわで玉どめをします（P25）。

使用布	使用糸
綿ジャージー (Tシャツから切り取った生地) コーデュロイ(裏地)	刺繍糸

10 布と布の間に針を入れ、2〜3cmくらい離れたところに針を出します。

11 糸を引き、玉どめを内側に引き入れて余分な糸を切ります。

12 お好みでブローチピンやキルトピンをつけて完成です(P60-62)。

縁を飾る

使用糸
チャンキーブークレーモヘヤ糸などのモケモケした糸

1 針に糸を通し、縫い合わせた糸を針でひろいます。

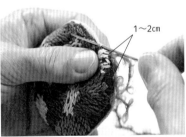

2 糸端を3cmくらい残して糸を引き、1〜2cm間隔をあけて縫い合わせた糸を針でひろって糸を引きます。

3 2をくり返します。

4 続けて1周めの糸をひろいます。

5 2周したら余分な糸を切ります。

6 形を整えて完成です。

ミルフィーユブローチの作り方

使用布
コットン生地
フェルト

使用糸
刺し子糸

ミルフィーユのように、何層も布を重ねてダーニングしたブローチ。
ここではフェルトを使っていますが、好みの布を重ねましょう。
壁飾りやコースター、鍋しきなど大きな作品を作ることができます。

1 あて布ダーニングし終わった布のまわりを好きな形に切ります。

フェルト

2 下からフェルト、好みの布（ここでは水玉の布）、**1**の順に重ねます。布がずれやすい場合は、まち針でとめます。

3 針に糸を通し、3枚を合わせてゴマシオステッチでまわりを縫い合わせます。

表

4 縫い合わせたところ。

裏

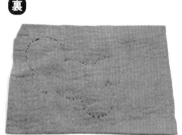

5 裏返したところ。丸いあて布の輪郭に沿ってステッチしてあるのがわかります。

6 好みの形に切ります。

7 フリンジを作る場合は、布端に切り込みを入れます。

8 フリンジを手で揉みほぐします。

9 お好みでブローチピンやキルトピンをつけて完成です（P60-62）。

フリンジのつけ方

ブローチにリボンや布の切れ端を縫いつけてフリンジ仕立てに。
長さや形を不ぞろいにするのがポイント。
布に切り込みを入れたり、織り糸をほどいたりしてフリンジを作ることもできます。

No. 19　6月の小路

出来上がりサイズ…直径5cm

裏　たてまつり（P54）

シルクのリボンを二つ折りにし、折り目の部分をたてまつりで縫いつけます。リボンの長さを少しずらし、斜めに折るのがポイント。

No. 20　カラフルエナジー

出来上がりサイズ…たて16×よこ14cm

ブランケットステッチ（P34-35）

ランダムに布や糸を重ねてバスケットやハニカムなどで刺します。キルトピンを挟み込んでブランケットステッチで縫いとめます。

No. 21　冬の花

出来上がりサイズ…直径10cm

偶然できたフェルトの切れ端を使い、土台のフェルトにゴマシオステッチで縫いとめます。土台の中心から外側へと広げていきましょう。

ゴマシオステッチ
（P30-31）

タッセルの作り方

刺繍糸を1束使ったタッセルの作り方をご紹介します。はじめに糸端を50cmくらい引き出し、15cm×2本と20cm×1本に切っておきます。

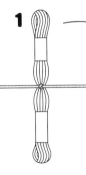

1

刺繍糸の束の中央に15cmに切った刺繍糸を固結びにし、ラベルをはずします。

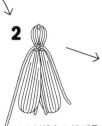

2

1の刺繍糸の結び目を内側に隠すように半分に折ります。20cmに切った刺繍糸を片方が長めになるように房の上部に3周巻き、固結びにします。

3

長いほうの糸を針に通し、房に巻いた糸に針を入れ、結び目を引き入れます。結んだ糸を房になじませ、房の端を切りそろえます。

4

15cmに切った糸を針に通し、糸端を合わせて2本どりにし、房の上の結び目に入れます。

5

2本の糸端を合わせて結び、余分な糸を切ったら完成です。

ブローチピンのつけ方

縫いつけるタイプのブローチピンを簡単につける方法をご紹介。
ブローチのモチーフが完成してからブローチピンをつけるので、つける位置を調整しやすく、
縫いつけたときにピンが曲がってしまう失敗も少ないので、初心者にもおすすめです。

1 布をブローチピンより大きめに切り、つける位置にチャコで印をつけます。

2 針に糸を通して玉結びをし、裏からブローチピンの穴に針を出します。

3 糸を引きます。

4 ブローチピンのきわに針を入れます。

5 ブローチピンの穴から針を出します。

6 4〜5をくり返します。

7 穴の片側を縫いとめたら180度回転し、4〜5と同様に刺します。

8 裏で玉どめをします（P25）。

9 続けてブローチピンの別の穴に針を出し、糸を引きます。

使用布	使用糸
コットン生地	ボタンつけ糸

10 4〜7と同様に縫いとめます。

11 裏で玉どめをし、余分な糸を切ります。

12 ブローチピンがつけられました。

 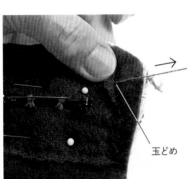 

ゴマシオステッチ（P30-31）

玉どめ

13 モチーフの裏に**12**を重ね、まち針でとめます。針に糸を通して玉結びをし、裏から針を出します。

14 糸を引き、まわりをゴマシオステッチで縫いとめます。最後は布端をめくって裏に玉どめをします。

15 余分な糸を切って完成です。

くるりんピン・ニットピン

くるりんピンやニットピンは、突起やコイルがないので、引っかかりがなく、どこにでもつけられるのが魅力。布の切れ端につけるだけで立派なブローチに。

くるりんピン　ニットピン

端切れにつける

くるりんピン

端切れを軽く折りたたみ、くるりんピンをつければブローチの完成です。

ネックレスにつける

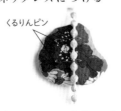
くるりんピン

ブローチをパールやボールチェーンのネックレスにつける場合は、くるりんピンを2個づけすると安定します。

ニットピン

コイルのないニットピンを使えば、ブローチをチャームのようにぶら下げてつけることができます。

キルトピンのつけ方

ストールや巻きスカートをとめるときに使うキルトピンをブローチに使用。
あえてキルトピンの存在感を生かすことで、コーディネートのアクセントに。
用途に合わせてとめつけたり縫いつけたりすることができます。

とめつける

ブローチのモチーフ　キルトピン

表

裏

表

裏

たてにつける場合は、布を少しすくいます。

よこにつける場合は、布を多めにすくいます。

縫いつける

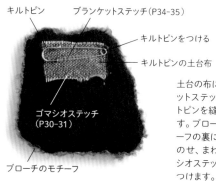

キルトピン　ブランケットステッチ(P34-35)

キルトピンをつける

キルトピンの土台布

ゴマシオステッチ
(P30-31)

ブローチのモチーフ

土台の布にブランケットステッチでキルトピンを縫いつけます。ブローチのモチーフの裏に土台布をのせ、まわりをゴマシオステッチで縫いつけます。

フェルトの端切れ

キルトピン

ゴマシオステッチ(P30-31)

キルトピンにフェルトの切れ端を重ね、ゴマシオステッチで縫いつけます。

バッグや服にとめつける

つけたい位置にブローチのモチーフを合わせ、裏からキルトピンでバッグとモチーフをいっしょにすくってとめます。

マカロンブローチの仕上げ方

マカロン型を使ったマカロンブローチの作り方を解説します。
わたを入れることで、ふっくらソフトな印象に。
マカロン型のほかにくるみボタンや瓶のフタ、缶バッジなど、
いろいろなもので代用できます。

使用布
ダンガリー生地
（シャツから切り取った生地）
コットン生地（裏地）

使用糸
ボタンつけ糸
刺し子糸

Part 2　ブローチの仕立て方／キルトピンのつけ方／マカロンブローチの仕上げ方

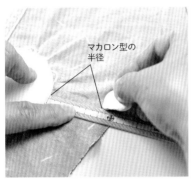

1 ダーニングした布の裏にマカロン型を置き、マカロン型の半径分離れたところにチャコで印をつけます。

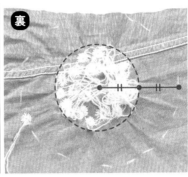

2 印をつけ終わったところ。

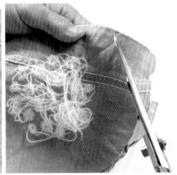

3 印の上をはさみで切ります。

4 裏地を中表に重ね、同じサイズに切ります。

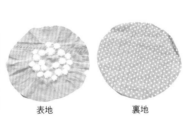

5 表地と裏地を同じサイズに切ったところ。

6 裏面の土台を作ります。クリアファイルの上にマカロン型を置き、まわりを油性ペンでなぞります。

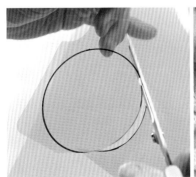

7 線の上をはさみで切ります。

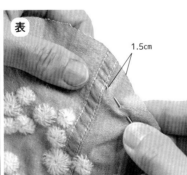

8 針に刺し子糸を通して玉結びをし、表地の布端から1.5cm内側を大きな針目でなみ縫いします。

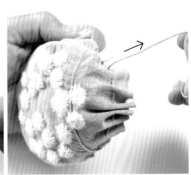

9 1周縫ったら、軽く糸を引きます。

10 わたを小さめにちぎり、薄く平らにし、マカロン型より大きめに広げて入れます。

11 マカロン型の表面(ふくらんだほう)を下にして**10**の上にのせます。

12 糸を引きます。

13 表に返し、模様がずれていたら直します。

玉どめ

14 裏で玉どめし、余分な糸を切ります。

0.5cm

15 刺し子糸を針に通し、糸端を合わせて2本どりにし、玉結びをします。裏側の縁から0.5cmのところを小さく1針すくいます。

0.5cm

16 真下に糸を渡し、縁から0.5cmのところを小さく1針すくいます。

17 **15**と同じところを1針すくいます。

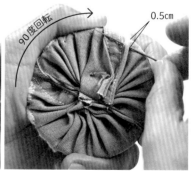

90度回転

0.5cm

18 90度回転させ、縁から0.5cmのところを小さく1針すくい、糸を引いて締めます。

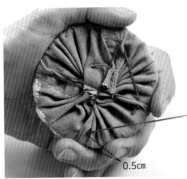

19 真下に糸を渡し、縁から0.5cmのところを小さく1針すくい、糸を引いて締めます。

0.5cm

20 少しずつ回転させながら、**18〜19**をくり返します。

21 玉どめし、余分な糸を切ります。こうすることで表地がずれにくくなります。

玉どめ

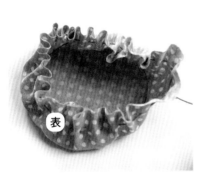

表

22 裏面を作ります。P63の**8〜9**と同様に裏地を刺し子糸でなみ縫いし、P63の**7**で作ったクリアファイルの土台を中に入れます。

玉どめ

23 糸を引き、裏で玉どめをして余分な糸を切ります。

24 **21**と**23**を外表に合わせ、まち針でとめます。

25 まわりを手縫い用の糸やボタンつけ糸でコの字とじでとじます（P54）。

26 最後は玉どめをし、内側を2〜3cmすくって玉どめを内側に引き入れ、余分な糸を切ります。

27 裏にブローチピンやキルトピンをつけてマカロンブローチの完成です（P60-62）。

マカロンブローチバリエーション

いろいろな素材や手法でダーニングしたマカロンブローチ。
シンプルなステッチで仕上げても、カラフルなあて布を重ねても、
マカロンブローチに仕上げることで、きちんとまとまった印象に。

No. 22 セル ピンクミックス

出来上がりサイズ…直径6cm

円形に切ったコーデュロイ
+
ブランケットステッチ（P34-35）

Eと同様

円形に切った
ベルベットリボン
+
ブランケットステッチ（P34-35）

A
円形に切ったフェルト
+
タンバリンステッチ（P42）

B タンバリンステッチ（P42）

円形に切ったウールマフラー
+
たてまつり（P54）

C
円形に切ったベルベット生地
+
ブランケットステッチ（P34-35）

D
円形に切ったコーデュロイ
+
たてまつり（P54）

円形に切ったフェルト
+
ブランケットステッチ（P34-35）

Dと同様

Eと同様

スパンコール
（P54）

Bと同様

円形に切った
コーデュロイ
+
タンバリン
ステッチ（P42）

Cと同様

E
円形に切ったフェルト
+
ゴマシオステッチ（P30-31）

Aと同様

フレンチノットステッチ（P54）

Bと同様

作り方

1 写真のように刺します。

2 マカロンブローチに仕上げます（P63-65）。

3 ブローチピンをつけます（P60-61）。

土台布

表…ウールフェルト（縮絨させたマフラーから切り取った生地13×13cm）

中綿…手芸わた

裏…ウールフェルト（8×8cm）

＊マカロン型は直径6cmを使用しています。

マフラーを裁断し、多めに洗剤を入れたお湯で洗い、縮絨させて土台に。使うのが惜しかったリボンを少しだけ切って縫いつけました。

No. 23 ひょうたん

出来上がりサイズ…直径7cm

作り方

1 写真のように刺します。

2 マカロンブローチに仕上げます（P63-65）。

3 ブローチピンをつけます（P60-61）。

土台布

表・裏…麻キャンバス（15×15cm、9×9cm）

中綿…手芸わた

＊マカロン型は直径7cmを使用しています。

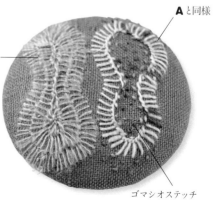

Aと同様

A
ハニカムステッチ
（P36-37）

ゴマシオステッチ
（P30-31）

ひょうたんの表面と断面をイメージしてダーニング。左右対称より少しくずれているくらいのほうが、自然の造形美を表現できます。

No. 24 夏の星座

出来上がりサイズ…直径5cm

作り方

1 写真のように刺します。
2 マカロンブローチに仕上げます（P63-65）。
3 ブローチピンをつけます（P60-61）。

土台布

表・裏…マリメッコの生地（11×11cm, 7×7cm）

中綿…手芸わた

*マカロン型は直径5cmを使用しています。

子どものころ、海外出張が多かった父からのお土産や父愛用ネクタイをブローチにすることで、胸もとで愛でる楽しみができました。

A
円形にカットしたネクタイの生地
+
ブランケットステッチ（P34-35）

Aと同様

フレンチノットステッチ（P54）

円形にカットしたマリメッコの生地
+
ゴマシオステッチ（P30-31）

ゴマシオステッチ（P30-31）

A
円形にカットしたフェルト
+
タンバリンステッチ
（P42）

ハニカム
ステッチ
（P36-37）

ビーズ
ステッチ
（P54）

扇形タンバリンステッチ（P43）

Dと同様

No. 25 秋の花束

出来上がりサイズ
…直径5cm、フリンジ7cm

作り方

1 写真のように刺します。
2 マカロンブローチに
仕上げます（P63-65）。
3 ブローチピンを
つけます（P60-61）。

土台布

表・裏…ウールフェルト
（縮絨させたカーディガンから切り取った布
11×11cm, 7×7cm）

中綿…手芸わた

*マカロン型は直径5cmを使用しています。

Aと同様

Bと同様

Cと同様

D バスケット
ステッチ
（P46-48）

B
フレンチノットステッチ（P54）

ウールテープでフリンジをつける（P59）

C タンバリン
ステッチ（P42）

土台は、イギリスの蚤の市で購入したキャメルのカーディガンを処分する前に裁断したもの。裏にウールテープを縫いつけて勲章風に。

No. 26 セル ブルーミックス

出来上がりサイズ…直径5cm

A 円形に切ったベルベットリボン + ブランケットステッチ（P34-35）

B チャンキーブークレーモヘヤ糸でゴマシオステッチ（P30-31）

C タンバリンステッチ（P42）

スパンコール（P54）

円形に切ったコットン生地 + ブランケットステッチ（P34-35）

Cと同様

円形に切ったフェルト + タンバリンステッチ（P42）

フレンチノットステッチ（P54）

Cと同様

Cと同様

Bと同様

Aと同様

円形に切ったセーター + たてまつり（P54）

Cと同様

作り方

1 写真のように刺します。

2 マカロンブローチに仕上げます（P63-65）。

3 ブローチピンをつけます（P60-61）。

土台布

表・裏…縮絨させたウールツイードのマフラー（11×11cm、7×7cm）

中綿…手芸わた

＊マカロン型は直径5cmを使用しています。

捨てられない玉虫色のベルベットリボン、いつまでもさわっていたいフェルトなどを、細胞（セル）のような形に整えた思いの集合体。

No. 27 銀河の砂時計

出来上がりサイズ…直径5cm

ハニカムステッチ（P36-37）

裏からハニカムステッチ（P36-37）

バスケットステッチ（P46-48）

ブランケットステッチ（P34-35）

作り方

1 写真のように刺します。

2 マカロンブローチに仕上げます（P63-65）。

3 ブローチピンをつけます（P60-61）。

土台布

表・裏…ネル生地（11×11cm、7×7cm）

中綿…手芸わた

＊マカロン型は直径5cmを使用しています。

ゴマシオステッチ（P30-31）

円形に切ったネル生地 + タンバリンステッチ（P42）

使う糸をワントーンにまとめ、ラメ糸をちりばめました。ラメ糸は、使う分量でさりげなくもキラキラにもできるのが面白いところ。

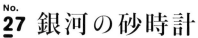
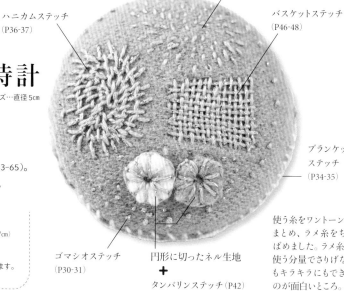

No. 28 デニムの花びら

出来上がりサイズ…直径7cm

作り方

1 写真のように刺します。
2 マカロンブローチに
　仕上げます（P63-65）。
3 ブローチピンをつけます
　（P60-61）。

土台布

表・裏…ダンガリー生地
（シャツから切り取った生地15×15cm、9×9cm）

中綿…手芸わた

＊マカロン型は直径7cmを使用しています。

レトロ柄のワンピース、シャツ、デニムパンツをしずく形に切り、ランダムに重ねたら、まるで水面に浮く花びらのようなブローチに。

A
しずく形に切ったデニムパンツ
＋
裏から平行移動ハニカム
ステッチ（P38-39）

裏から平行移動ハニカムステッチ（P38-39）

Aと同様

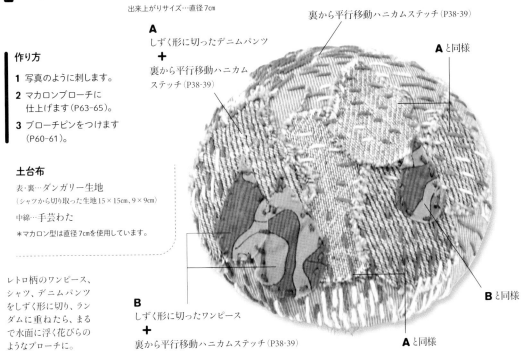

B
しずく形に切ったワンピース
＋
裏から平行移動ハニカムステッチ（P38-39）

Bと同様

Aと同様

No. 29 思い出の花畑

出来上がりサイズ…直径5cm

A
ランダムな形に切った綿ローン
＋
ブランケットステッチ（P34-35）

ゴマシオステッチ（P30-31）

Aと同様

作り方

1 写真のように刺します。
2 マカロンブローチに
　仕上げます（P63-65）。
3 ブローチピンを
　つけます（P60-61）。

土台布

表・裏…シルク生地
（ネクタイから切り取った生地11×11cm、7×7cm）

中綿…手芸わた

＊マカロン型は直径5cmを使用しています。

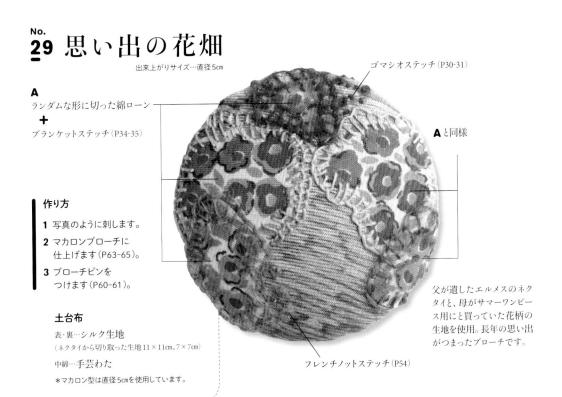

フレンチノットステッチ（P54）

父が遺したエルメスのネクタイと、母がサマーワンピース用にと買っていた花柄の生地を使用。長年の思い出がつまったブローチです。

あて**布**ブローチバリエーション

傷んだところに好みの布を縫いつけて作る、あて布ダーニングブローチ。
あて布の切り方や配置、ステッチの種類や方法でさまざまなデザインが楽しめます。
偶然できた布の切れ端をコラージュしても素敵なブローチが作れます。

No. 30 渡り鳥が見た海に浮かぶ島 　円形あて布

出来上がりサイズ…たて16×よこ20cm

before

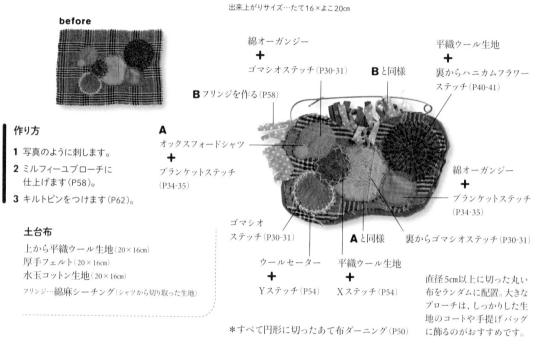

綿オーガンジー
＋
ゴマシオステッチ（P30-31）

Bと同様

平織ウール生地
＋
裏からハニカムフラワー
ステッチ（P40-41）

B フリンジを作る（P58）

A
オックスフォードシャツ
＋
ブランケットステッチ
（P34-35）

綿オーガンジー
＋
ブランケットステッチ
（P34-35）

ゴマシオ
ステッチ（P30-31）

Aと同様

裏からゴマシオステッチ（P30-31）

ウールセーター
＋
Yステッチ（P54）

平織ウール生地
＋
Xステッチ（P54）

作り方

1 写真のように刺します。
2 ミルフィーユブローチに
　仕上げます（P58）。
3 キルトピンをつけます（P62）。

土台布

上から平織ウール生地（20×16cm）
厚手フェルト（20×16cm）
水玉コットン生地（20×16cm）
フリンジ…綿麻シーチング（シャツから切り取った生地）

直径5cm以上に切った丸い
布をランダムに配置。大きな
ブローチは、しっかりした生
地のコートや手提げバッグ
に飾るのがおすすめです。

＊すべて円形に切ったあて布ダーニング（P50）

No. 31 パルマ 　円形あて布

出来上がりサイズ…直径14cm

before

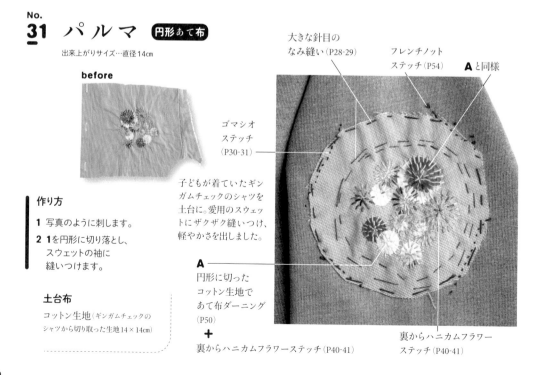

大きな針目の
なみ縫い（P28-29）

フレンチノット
ステッチ（P54）

Aと同様

ゴマシオ
ステッチ
（P30-31）

作り方

1 写真のように刺します。
2 1を円形に切り落とし、
　スウェットの袖に
　縫いつけます。

土台布

コットン生地（ギンガムチェックの
シャツから切り取った生地14×14cm）

子どもが着ていたギン
ガムチェックのシャツを
土台に。愛用のスウェッ
トにザクザク縫いつけ、
軽やかさを出しました。

A
円形に切った
コットン生地で
あて布ダーニング
（P50）
＋
裏からハニカムフラワーステッチ（P40-41）

裏からハニカムフラワー
ステッチ（P40-41）

No. 32 グリム 　四角形あて布

出来上がりサイズ…直径7cm

*すべて四角形に切ったあて布ダーニング（P50）

花柄プリントのコットン生地を土台に、大小さまざまな素材や色の四角い布を刺し子糸、カシミヤ糸、ウール糸などの糸で縫いつけました。

before

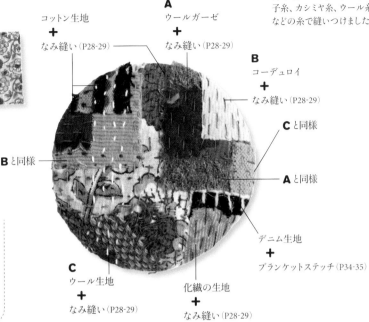

A
コットン生地
＋
なみ縫い（P28-29）

ウールガーゼ
＋
なみ縫い（P28-29）

B
コーデュロイ
＋
なみ縫い（P28-29）

Cと同様

Aと同様

Bと同様

デニム生地
＋
ブランケットステッチ（P34-35）

C
ウール生地
＋
なみ縫い（P28-29）

化繊の生地
＋
なみ縫い（P28-29）

作り方

1 写真のように刺します。

2 マカロンブローチに仕上げます（P63-65）。

3 ブローチピンをつけます（P60-61）。

土台布

表…花柄プリントのコットン生地
（15×15cm）

中綿…手芸わた

裏…フェルト（9×9cm）

*マカロン型は直径7cmを使用しています。

No. 33 バランスゲーム 　四角形あて布

出来上がりサイズ…たて17×よこ22cm

before

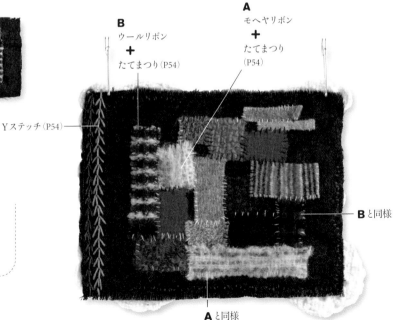

B
ウールリボン
＋
たてまつり（P54）

A
モヘヤリボン
＋
たてまつり（P54）

Yステッチ（P54）

Bと同様

Aと同様

作り方

1 写真のように刺します。

2 ミルフィーユブローチに仕上げます（P58）。

3 キルトピンをつけます（P62）。

土台布

上からウール生地
（パンツを切り取った生地17×22cm）

モチーフ編み（17×22cm）

*指定のないステッチは、
すべて四角形に切ったウール生地であて布ダーニング（P50）
＋
たてまつり（P54）

手織りのマットやマフラーを長方形や四角形にカット。フカフカの土台に縫いつけるときにできる微妙なズレも味になります。

No. 34 いろいろな白い空気 長方形あて布

出来上がりサイズ…たて19×よこ26cm

*すべて長方形に切ったあて布ダーニング（P50）

before

作り方

1 写真のように刺します。

2 布を裂いて2×7cmのテープを作り、半分に折ります。

3 2を表地の縁に中表に合わせてまち針でとめ、裏地を合わせてソフトブローチに仕上げます（P56-57）。

土台布

表…平織麻生地
（パンツから切り取った生地16×22cm）

中綿…手芸わた

裏…綿オーガンジー（16×22cm）

透け感のある白やピンクの布を使い、霞や陽炎を思わせる大きなブローチに。やわらかな光が差し込む窓辺に飾るのもおすすめです。

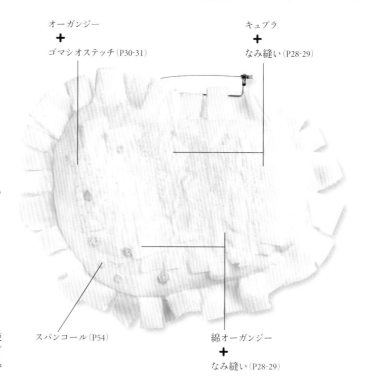

オーガンジー
＋
ゴマシオステッチ（P30-31）

キュプラ
＋
なみ縫い（P28-29）

スパンコール（P54）

綿オーガンジー
＋
なみ縫い（P28-29）

No. 35 ハイウェイ 長方形あて布

出来上がりサイズ…たて12×よこ20cm

*すべて長方形に切ったあて布ダーニング（P50）

リバティーのくじゃく柄やひょう柄のコーデュロイなど、個性的な柄もゴマシオでダーニングすることで落ち着いた大人の雰囲気に。

before

作り方

1 写真のように刺します。

2 ソフトブローチに仕上げます（P56-57）。

3 キルトピンをつけます（P62）。

土台布

表・裏…ウールツイード（各16×24cm）

中綿…化繊の生地（16×24cm）

なみ縫い
（P28-29）

Bと同様

A
コーデュロイ
＋
なみ縫い（P28-29）

Aと同様

コーデュロイ
＋
ゴマシオステッチ（P30-31）

B
コットン生地
＋
なみ縫い（P28-29）

No. 36 ものがたりの山脈　三角形あて布

出来上がりサイズ…たて17×よこ23cm

before

作り方

1 写真のように刺します。
2 1の余分な布を切り落とし、セーターの裾に縫いつけます。

土台布

綿ジャージー（ボーダーTシャツから切り取った生地23×32cm）

偶然できた山形の端切れを集めて山脈の風景を描きました。ざっくりセーターに縫いつければ、はずしてブローチに仕立て直すことも。

A
三角形に切った麻のシャツ
＋
裏から平行移動ハニカムステッチ（P38-39）

三角形に切った麻のシャツ
＋
たてまつり（P29）

三角形に切った麻のシャツ
＋
Yステッチ（P54）

大きな針目のなみ縫い（P28-29）

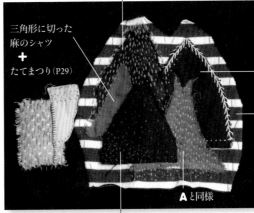

Aと同様

麻のシャツ
＋
ゴマシオステッチ（P30-31）

＊すべて三角形に切ったあて布ダーニング（P50）

No. 37 トランジスタ　しずく形あて布

出来上がりサイズ…たて23×よこ22cm

before

作り方

1 写真のように刺します。
2 トートバッグに縫いつけます。

土台布

ポリエステルジャージー（レギンスから切り取った生地24×24cm）

切りっぱなしでもほつれないジャージー生地を土台に、しずく形に切った布をコラージュしてポケットに。カーキのバッグに映えます。

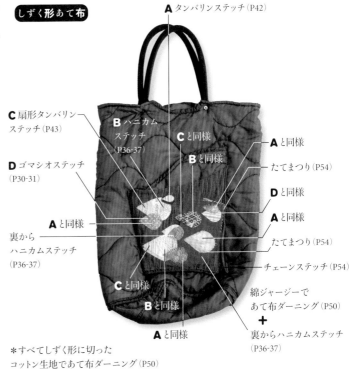

A タンバリンステッチ（P42）

C 扇形タンバリンステッチ（P43）

B ハニカムステッチ（P36-37）

Cと同様

Bと同様

Aと同様

たてまつり（P54）

D ゴマシオステッチ（P30-31）

Dと同様

Aと同様

Aと同様

裏からハニカムステッチ（P36-37）

たてまつり（P54）

チェーンステッチ（P54）

Cと同様

Bと同様

綿ジャージーであて布ダーニング（P50）
＋
裏からハニカムステッチ（P36-37）

Aと同様

＊すべてしずく形に切ったコットン生地であて布ダーニング（P50）

73

あて布をコラージュ

1 小さく切り落とされた端切れをそのまま使います。

2 土台の布の上に端切れを仮置きし、配置を決めます。

3 あて布ダーニングをします(P50)。

No. 38 舞い上がる群青 [コラージュ]

出来上がりサイズ…たて13×よこ14㎝

羽ばたくようなデニムの切れ端を見つけ、伸びやかなイメージのブローチに。中央のリバティーの布は小さいながら存在感があります。

before

作り方

1 写真のように刺します。

2 ソフトブローチに仕上げます(P56-57)。

3 ブローチピンをつけます(P60-61)。

土台布

表・裏…平織ウール生地(各13×14㎝)
中綿…手芸わた

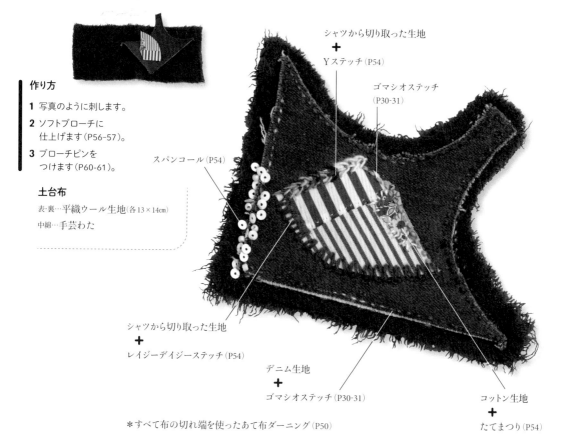

シャツから切り取った生地
＋
Yステッチ(P54)

ゴマシオステッチ
(P30-31)

スパンコール(P54)

シャツから切り取った生地
＋
レイジーデイジーステッチ(P54)

デニム生地
＋
ゴマシオステッチ(P30-31)

コットン生地
＋
たてまつり(P54)

＊すべて布の切れ端を使ったあて布ダーニング(P50)

Part 3

ブローチの
いろいろな楽しみ方

マカロンブローチの重ねづけは、サイズ違いを少し重ねてバランスよく。あて布ブローチを合わせることで、マカロンブローチの可愛らしさに大人っぽさをプラスできます。

No. 39 ウォームハート

出来上がりサイズ…直径6cm

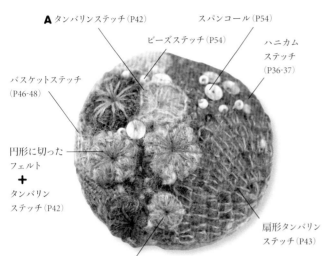

A タンバリンステッチ（P42）

スパンコール（P54）

ビーズステッチ（P54）

ハニカムステッチ（P36-37）

バスケットステッチ（P46-48）

円形に切ったフェルト
＋
タンバリンステッチ（P42）

Aと同様

扇形タンバリンステッチ（P43）

円形に切ったフェルトや円形のステッチを重ね、スパンコールやビーズをステッチしていくうちに、段々と自分だけのブローチに。

| 作り方

1 写真のように刺します。

2 マカロンブローチに仕上げます（P63-65）。

3 ブローチピンをつけます（P60-61）。

土台布

表・裏…ツイード
（ウールのセーターから切り取った生地13×13cm、8×8cm）

中綿…手芸わた

＊マカロン型は直径6cmを使用しています。

No. 40 花のような石

出来上がりサイズ…直径5cm

タンバリンステッチ（P42）

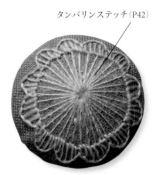

作品名は「花のような石」ですが、中央から放射状に広がったステッチに花びらのような飾りを刺すことでゆるさを出しました。

| 作り方

1 写真のように刺します。

2 マカロンブローチに仕上げます（P63-65）。

3 ブローチピンをつけます（P60-61）。

土台布

表・裏…麻キャンバス（11×11cm、6×6cm）

中綿…手芸わた

＊マカロン型は直径5cmを使用しています。

No. 41 ウォールポケット

出来上がりサイズ…たて8×よこ9.5cm

| 作り方

1 写真のように刺します。

2 ニットピンをつけます（P61）。

土台布

ウール生地
（マフラーから切り取った生地8×9.5cm）

A
ウール生地であて布ダーニング（P50）
＋
裏から平行移動ハニカムステッチ（P38-39）

ウールリボンであて布ダーニング（P50）
＋
裏から平行移動ハニカムステッチ（P38-39）

昔どこかで見たプラスチック製のウォールポケットをイメージして作りました。ニットピンをつけ替えて縦向きにして使うことも。

タンバリンステッチ（P42）

Aと同様

No. 42 雑草

出来上がりサイズ…直径5cm

作り方

1 写真のように刺します。

2 マカロンブローチに
   仕上げます(P63-65)。

3 ブローチピンをつけます(P60-61)。

土台布

表・裏…ウールツイード(11×11cm、7×7cm)

中綿…手芸わた

*マカロン型は直径5cmを使用しています。

三角形に切った布を放射状に並べ、外側から中心に向かって刺しました。糸替えのタイミングで糸の色や太さを替えるのがポイント。

三角形に切ったツイル生地であて布ダーニング(P50)
+
裏からハニカムステッチ
(P36-37)

No. 43 おぼろ昆布

出来上がりサイズ…直径7cm

作り方

1 写真のように刺します。

2 マカロンブローチに仕上げます(P63-65)。

3 ブローチピンをつけます(P60-61)。

土台布

表・裏…ウールガーゼ
(15×15cm、9×9cm)

中綿…手芸わた

*マカロン型は直径7cmを使用しています。

端が裂けていたシルクのスカーフ。ダーニングするには生地が弱っていたので、裂いてみたら羽のような軽いリボンになりました。

シルク生地(スカーフから切り取った生地)でびろびろダーニング(P32)

No. 44 hashico

出来上がりサイズ…たて4×よこ6cm

巻きかがり(P54)

ウール生地の端切れであて布ダーニング(P50)
+
バスケットステッチ
(P46-48)

作り方

1 写真のように刺します。

2 ソフトブローチに仕上げます(P56-57)。

2 キルトピンをつけます(P62)。

土台布

表・裏…ウール生地(各6×8cm)

中綿…手芸わた

ゴマシオステッチ(P30-31)

何かの残りの「端っこ」を使い、ダーニングで出た糸端を集めて刺しました。細い糸だけを選んで、繊細さを感じさせるデザインに。

個性的なマカロンブローチがシックなヘアバンドにマッチ。1つは縁ギリギリにつけて
耳当てのように。スウェットのフードにもさりげなく三角形のブローチをつけました。

大胆でありながら静かに胸もとを彩るあて布ブローチ。ピンブローチを合わせることで、お互いを引き立て合いながら引き締まった印象に。襟もとのブローチの作り方はP44。

あて布ダーニングしたフリースをジャケットに縫いつけてポケットに。しずく形に切ったあて布を、あえて上下逆になるようにつけることで遊びの要素を取り入れました。

No. 45　冬のぬくもり

出来上がりサイズ…たて14×よこ20cm

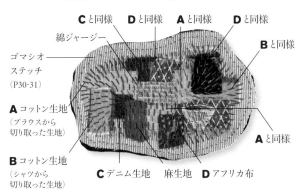

C と同様　　D と同様　　A と同様　　D と同様

綿ジャージー

B と同様

ゴマシオ
ステッチ
（P30-31）

A コットン生地
（ブラウスから
切り取った生地）

A と同様

B コットン生地
（シャツから
切り取った生地）

C デニム生地　麻生地　D アフリカ布

＊すべて長方形に
切った布で
あて布ダーニング
（P50）
＋
裏からハニカム
ステッチ（P36-37）

▌作り方

1　写真のように刺します。

2　ミルフィーユブローチに仕上げます（P58）。

3　ブローチピンを
つけます（P60-61）。

石畳みを思い浮かべな
がら、四角形や長方形の
端切れを重ねました。上
から赤い糸で刺すことで、
温かみを表現しています。

▌土台布

表…コットン生地（14×20cm）

中綿…化繊フェルト（14×20cm）

裏…ウールフェルト（14×20cm）

No. 46　ティアドロップス

出来上がりサイズ…たて21×よこ17cm

たてまつり（P54）

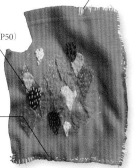

しずく形に切った
ウール生地で
あて布ダーニング（P50）
＋
裏から平行移動
ハニカムステッチ
（P38-39）

ゴマシオステッチ
（P30-31）

▌作り方

1　写真のように
刺します。

2　ジャケットに
縫いつけます。

使い道がないほどの小さ
な端切れも、しずく形に切
ることで、抽象的な模様を
描いたり、花びらに見立て
たりすることができます。

▌土台布

フリース（ジャケットから切り取った生地21×17cm）

丈が長めのシャツの裾に、ダーニングやあて布ブローチをランダムに配置。マフラーにもクッションのようなブローチをつけて、とことんカラフルな着こなしに。

No. 47 野原

出来上がりサイズ…たて8×よこ5cm

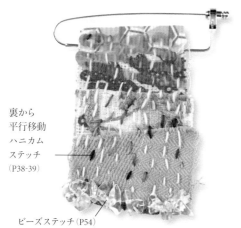

裏から
平行移動
ハニカム
ステッチ
(P38-39)

ビーズステッチ (P54)

端切れを段々に重ね、段染めのメリノウール糸でリズムよく刺しました。ランダムカットの水晶が、まるでまぶしい光のようです。

作り方

1 約4×5cmに切った布4枚を少しずつずらして重ねます。
2 写真のように刺します。
3 水晶ビーズを縫いつけます。
4 キルトピンをつけます (P62)。

No. 48 タイムマシン

出来上がりサイズ…直径12cm

ゴマシオステッチ
(P30-31)

フリンジをつける (P59)

作り方

1 写真のように刺します。
2 ソフトブローチに仕上げます (P56-57)。
3 キルトピンをつけます (P62)。

懐かしさに浸りながら、子どもが夏休みによく着ていた服をブローチに。魚の背びれのようなフリンジで愛らしさを足しました。

土台布

表…コットン生地
(キッズのショートパンツのポケット部分を切り取った生地14×14cm)
中綿…手芸わた
裏…デニム生地 (14×14cm)

No. 49 お池の友だち

出来上がりサイズ…たて8×よこ10cm

作り方

1 写真のように刺します。
2 ミルフィーユブローチに仕上げます (P58)。
3 キルトピンをつけます (P62)。

土台布

上からコットンストライプ生地 (各8×10cm)
ウールフェルト (8×10cm)

A 平行移動ハニカムステッチ (P38-39)　　フレンチノットステッチ (P54)

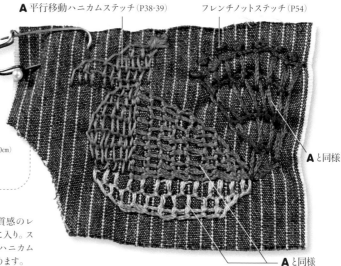

Aと同様

Aと同様

ツヤツヤでクタッとした質感のレーヨンの刺繍糸がお気に入り。ストライプの生地に刺したハニカムダーニングが素敵に決まります。

No. 50 やまびこ

出来上がりサイズ…
aたて13×よこ10cm
bたて11×よこ6cm
cたて8×よこ11cm

＊すべて三角形に切った布で
あて布ダーニング（P50）
＋
ゴマシオステッチ（P30-31）

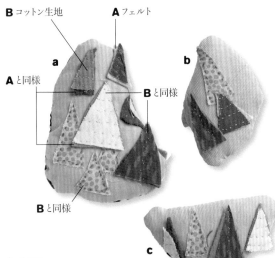

B コットン生地　　**A** フェルト

A と同様

B と同様

B と同様

a

b

c

作り方

1 写真のように刺します。
2 ソフトブローチに仕上げます（P56-57）。
3 キルトピンをつけます（P62）。

土台布

表・裏…コーデュロイ（各15×21cm）
中綿…手芸わた

大切にとっておいた布を三角形にカット。マスコットのようなブローチにしたかったので、わたを多めに入れてぷっくりさせました。

No. 51 me がたくさん

出来上がりサイズ…
aたて7×よこ7cm
bたて6.5×よこ7cm
cたて4×よこ4cm

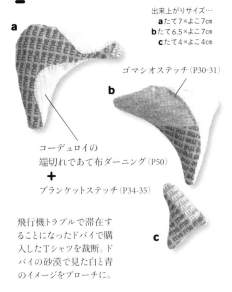

a

b

c

ゴマシオステッチ（P30-31）

コーデュロイの
端切れであて布ダーニング（P50）
＋
ブランケットステッチ（P34-35）

飛行機トラブルで滞在することになったドバイで購入したTシャツを裁断。ドバイの砂漠で見た白と青のイメージをブローチに。

作り方

1 写真のように刺します。
2 ソフトブローチに仕上げます（P56-57）。
3 くるりんピンをつけます（P61）。

土台布

表・裏…綿ジャージー
（Tシャツから切り取った生地各10×14cm）
中綿…手芸わた

No. 52 月夜の散歩

出来上がりサイズ…たて9×よこ8cm

作り方

1 写真のように刺します。
2 ソフトブローチに仕上げます（P56-57）。
3 キルトピンをつけます（P62）。

土台布

表・裏…ニット生地
（マフラーから切り取った生地各9×8cm）
中綿…Tシャツ

月夜の街を目的もなく散歩している場面を表現したデザイン。硬く仕上げるために、中に折りたたんだTシャツを入れました。

ウール生地を
あて布ダーニング
（P50）
＋
裏からハニカム
ステッチ（P36-37）

ハニカムステッチ（P36-37）

ウール生地を
あて布ダーニング（P50）
＋
ブランケットステッチ
（P34-35）

フレンチノット
ステッチ（P54）

チャンキーブークレー
モヘヤ糸で
ハニカムステッチ（P36-37）

ゴマシオ
ステッチ（P30-31）

コットン生地を
あて布ダーニング（P50）
＋
裏からハニカムステッチ（P36-37）

チェーンステッチ（P54）

モヘヤテープをたてまつり（P54）

ニット生地

ボディバッグのストラップにブローチを重ねづけして、華やかでギャップのある後ろ姿に。
コイルのないキルトピンを使えば、バッグチャームのように吊り下げることができます。

ロングネックレスにソフトブローチをつけてインパクトのある斜めがけに。大ぶりながら軽いので、絶妙な位置でキープできるのもソフトブローチの魅力。つけ方はP61。

ソフトブローチに大きなキルトピンを通してバッグチャームに。濃いピンクのマカロンブローチをプラスすることで、キルトピンの無骨さと可愛らしい鳥の絵を中和してくれます。

No. 53 四月の魚

出来上がりサイズ…たて8.5×よこ15cm

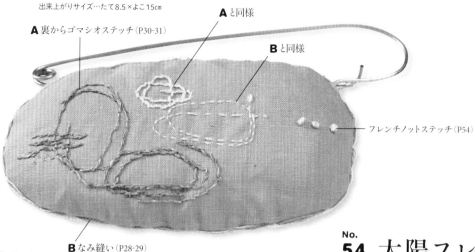

A 裏からゴマシオステッチ（P30-31）

A と同様

B と同様

フレンチノットステッチ（P54）

B なみ縫い（P28-29）

作り方

1 写真のように刺します。

2 ソフトブローチに仕上げます（P56-57）。

3 キルトピンをつけます（P62）。

土台布

表…リネン生地（10.5×17cm）

中綿…手芸わた

裏…シルク生地（10.5×17cm）

大切にとっておいた
お気に入りのリネン
生地に、なにげなく書
いたペンの軌跡をな
ぞるようにカシミヤの
糸でステッチしました。

No. 54 太陽フレア

出来上がりサイズ…直径6cm

ハニカムステッチ（P36-37）

濃いピンクの布と同系色の糸を
使い、メラメラ燃える太陽フレア
のようなブローチに。暑い日に激
辛カレーを食べるような感覚です。

作り方

1 写真のように刺します。

2 マカロンブローチに
仕上げます（P63-65）。

3 キルトピンをつけます（P62）。

土台布

表・裏…麻生地（13×13cm、8×8cm）

中綿…手芸わた

＊マカロン型は直径6cmを使用しています。

No. 55 だいだい色の鳥

出来上がりサイズ…たて10×よこ7cm

ビーズステッチ
（P54）

タンバリンステッチ（P42）

平行移動ハニカム
ステッチ（P38-39）

作り方

1 写真のように刺します。

2 ソフトブローチに
仕上げます（P56-57）。

3 ブローチピンを
つけます（P60-61）。

土台布

表・裏…コットン生地
（座布団カバーから切り取った生地各12×9cm）

中綿…手芸わた

フレンチノットステッチ（P54）

チャンキーブークレーモヘヤ糸で
縁を飾る（P57）

子どものころ愛用していた座布
団カバーを裁断。鳥の愛らしさ
を生かし、ネオン色の糸やラメ
糸でキッチュに仕上げました。

No. 56 つぼみ

出来上がりサイズ…直径6cm

ビーズステッチ(P54)

作り方

1 写真のように刺します。

2 マカロンブローチに仕上げます(P63-65)。

3 ブローチピンをつけます(P60-61)。

土台布

表・裏…綿麻サマーツイード(13×13cm、8×8cm)

中綿…手芸わた

＊マカロン型は直径6cmを使用しています。

サマーツイード生地に、竹ビーズを縫いつけたブローチ。極太の糸をゆるく編んだヒモを縫いつければ、ペンダントとして使うことも。

No. 57 運動会の太陽

出来上がりサイズ…直径7.5cm

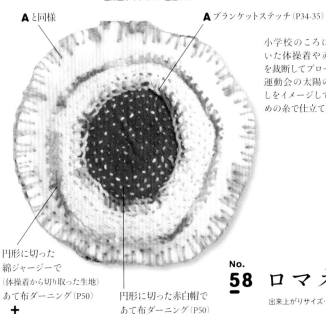

Aと同様

A ブランケットステッチ(P34-35)

円形に切った綿ジャージーで
(体操着から切り取った生地)
あて布ダーニング(P50)
＋
ブランケットステッチ
(P34-35)

円形に切った赤白帽で
あて布ダーニング(P50)
＋
ゴマシオステッチ
(P30-31)

小学校のころに着ていた体操着や赤白帽を裁断してブローチに。運動会の太陽の日差しをイメージして段染めの糸で仕立てました。

作り方

1 写真のように刺します。

2 ソフトブローチに仕上げます
(P56-57)。

3 ブローチピンをつけます(P60-61)。

土台布

表…コットン生地(赤白帽から切り取った生地8×8cm)

中綿…手芸わた

裏…ポリエステルジャージー
(トレーニングパンツから切り取った生地9×9cm)

No. 58 ロマネスコ

出来上がりサイズ…9×9cm、フリンジ22cm

扇形タンバリンステッチ(P43)

作り方

1 写真のように刺します。

2 ソフトブローチに仕上げます(P56-57)。

3 ブローチピンをつけます(P60-61)。

土台布

表…コットン生地(11×11cm)

中綿…手芸わた

裏…ベルベット(11×11cm)

裂いた麻生地でフリンジをつける(P59)

扇形タンバリンステッチを放射状に広げていったらロマネスコのように。ラフにフリンジをつけることでやわらかさを出しました。

毛糸をゆるく編んでヒモを作り、ブローチに縫いつければペンダントやバッグチャームに早変わり。フリンジつきのブローチなら、フリンジがストラップ代わりになります。

魚の形のブローチをたてにつけることで、動くたびフリンジが揺れて華やかな表情に。胸もとのブローチは、高い位置につけるのがポイント。こなれた印象に見せてくれます。

ピンクのスウェットに、存在感のあるソフトブローチを合わせておしゃれ感たっぷりに。スウェットにもダーニングがしてあるので、カラフルなあて布がよく馴染みます。

光沢のある幾何学模様のコットン生地を、ぷっくりしたソフトタイプのブローチに。水玉のフリルがまるでピアノの鍵盤のようです。

ゴマシオステッチ（P30-31）

フレンチノットステッチ（P54）

A コットン生地でびろびろダーニング（P32）

A と同様

No.
59　ダンス

出来上がりサイズ…たて11×よこ4cm

作り方

1 写真のように刺します。

2 ソフトブローチに仕上げます（P56-57）。

3 キルトピンをつけます（P62）。

土台布

表・裏…コットン生地
（スカートから切り取った生地各13×6cm）

中綿…手芸わた

No.
60　土の中の魚

出来上がりサイズ…たて10×よこ21cm

作り方

1 写真のように刺します。

2 ソフトブローチに仕上げます（P56-57）。

3 タッセルの上部のヒモをブローチの縫い目に差し込んで縫いつけます。

4 キルトピンをつけます（P62）。

土台布

表…ウールツイード（12×23cm）

中綿…手芸わた

裏…綿麻生地（12×23cm）

＊すべてあて布ダーニング（P50）

＋

ゴマシオステッチ（P30-31）

ベルベット

ウールフェルト

麻生地

ボタン

シルク生地

A と同様

三角形の小さな端切れをつなげたら、細長い古代の魚のようなブローチに。ラムウール糸で作ったタッセルをアクセントにしました。

ジャージー

A コットン生地

カシミヤニット生地

タッセル（P59）

綿ローン
＋
レイジーデイジーステッチ（P54）

ゴブラン織り
＋
平行移動ハニカムステッチ（P38-39）

コットン生地
＋
裏から平行移動ハニカムステッチ（P38-39）

ウール生地
＋
裏から平行移動ハニカムステッチ（P38-39）

麻生地
＋
裏からゴマシオステッチ（P30-31）

綿ブロード
＋
ハニカムステッチ（P36-37）

綿ジャージー
（Tシャツから切り取った生地）

タンバリンステッチ（P42）

アフリカ布

アフリカ布
＋
ゴマシオステッチ（P30-31）

裏からゴマシオステッチ（P30-31）

四角形に切ったデニム生地

裏から平行移動ハニカムステッチ（P38-39）

麻生地
＋
ゴマシオステッチ（P30-31）

ゴマシオステッチ（P30-31）

長方形に切った麻生地
＋
平行移動ハニカムステッチ（P38-39）

コットン生地

ハニカムステッチ（P36-37）

ターコイズブルーのウールセーターを裁断し、カラフルな布であて布ダーニング。光があまり入らない暗い森をイメージして作りました。

No.
61　森の人

出来上がりサイズ
…たて18×よこ15cm

作り方

1 写真のように刺します。

2 ソフトブローチに仕上げます（P56-57）。

3 キルトピンをつけます（P62）。

土台布

表…ウール生地
（セーターから切り取った生地20×17cm）

中綿…手芸わた

裏…コットン生地（20×17cm）

＊すべてあて布ダーニング（P50）。指定以外はすべてしずく形に切ります。

No. **62** 浮遊する色粒

出来上がりサイズ…たて6.5×よこ6cm

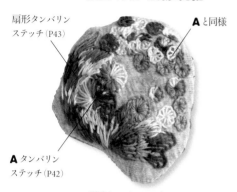

扇形タンバリン
ステッチ（P43）

Aと同様

A タンバリン
ステッチ（P42）

霜降りのグレーに合うカラフルな
段染めの糸を選び、タンバリンス
テッチで刺したら、浮遊する花粉
のような模様が生まれました。

作り方

1 写真のように刺します。

2 ソフトブローチに仕上げます（P56-57）。

3 くるりんピンをつけます（P61）。

土台布

表・裏…綿ジャージー（Tシャツから切り取った生地各8.5×8cm）

中綿…手芸わた

No. **63** 細胞分裂

出来上がりサイズ…**a**たて7×よこ2.5cm、**b**たて8×よこ5cm

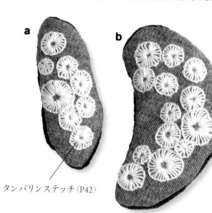

a

b

タンバリンステッチ（P42）

細胞分裂の様子を描いたような
ブローチ。離れていく寂しさと増
していく希望は、新しいブローチ
に生まれ変わることと似ています。

作り方

1 写真のように刺します。

2 ソフトブローチに仕上げます（P56-57）。

3 くるりんピンをつけます（P61）。

土台布

表…デニム（デニムパンツから切り取った生地13×13cm）

中綿…手芸わた

裏…ニット生地（セーターから切り取った生地13×13cm）

No. **64** 海だったり空だったり

出来上がりサイズ…たて17×よこ30cm

作り方

1 写真のように刺します。

2 Yシャツに
ざっくりなみ縫いで
縫いつけます。

土台布

Yシャツ（17×30cm）

オーダーYシャツの残
布でダーニング。偶然
生まれた不思議な形
を生かして、あれこれ
配置を考えながらコラ
ージュしました。

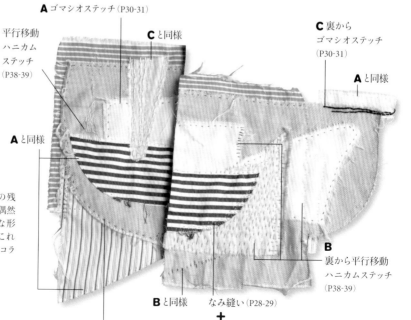

A ゴマシオステッチ（P30-31）

Cと同様

平行移動
ハニカム
ステッチ
（P38-39）

C 裏から
ゴマシオステッチ
（P30-31）

Aと同様

Aと同様

B

裏から平行移動
ハニカムステッチ
（P38-39）

Bと同様

なみ縫い（P28-29）

＋

ブランケットステッチ（P34-35）

なみ縫い（P28-29）

＊あて布はすべてコットン生地（Yシャツから切り取った生地）

あて布ダーニングしたYシャツに、赤いビーズネックレスの組み合わせが相性抜群。
ネックレスにブローチをつけるなら、偶数より奇数のほうがバランスよくまとまります。

これまで、国内外の大勢の方々にダーニングの技術を指導したり、身近なものを愛しむ心を
たくさんの方々と共有したりしてきました。一方で、「ダーニングの技術もスピリットも好きだけれど、
実際にダーニングを施したものを着るのが難しい」などの声が聞こえてきました。

ダーニングマカロンブローチ作りは、私のダーニング教室のカリキュラムの1つ。
ダーニングの主だったテクニックを直径6cmほどの円形のなかで再現することができるうえ、
好みの色で仕上げられ、気軽に身に着けられるということで大変人気があります。

傷んだ箇所へ直接ダーニングを施すのはハードルが高くても、
別布にダーニングするブローチなら、気に入らなかったら作り直すことができ、
つける位置や大きさ、数、デザインも後から替えられる「繕いの自由」が生まれます。

さらに、私がダーニングマカロンブローチを試作、改良、指導するなかで、
マカロンという枠から飛び出し、ソフトブローチ、マスコット、チャーム、サイズを大きくすれば
クッションにも！と大きさも形も使用目的も自由に発展、進化していきました。

古着から切り出した布ならより肌触りもよく、ぷにゅぷにゅ触っているだけで幸せな気持ちになり、
汚れたらお洗濯できる手軽さもあります。
ダーニングブローチはそんな感受性を穏やかに刺激するものであってほしいと願っています。

針仕事は自分の楽しみを満たす要素がありますが、布をチクチク刺す時間のなかで、
布の模様や色、触り心地、温度、におい、古着ならシミや傷みといった、その衣類の歴史や
時間を感じながら、大切な人を思ったり、懐かしんだり、何かしてあげたい、贈りたい、と
人を思いやる気持ちがはぐくまれます。

自分の大切なもの、縁があったものたちをブローチという形に落とし込んで身近に慈しむ。
このダーニングブローチからそんな喜びをご堪能いただけたら、こんなに嬉しいことはありません。

最後に、この本の制作でダーニングブローチを試作、研究、開発を共にしてくれた
Darning by hikaru noguchi ダーニング協会の神山彩子、斉藤円、中須賀香織。
作品制作提供の猪子くみこさん、浦野道子さん、奥田淳子さん、奥田麻由美さん、小串奈美さん、
清水久美子さん、手嶋由紀恵さん、中村麻美さん、飛世麻紀さん、福島仁美さん、福島義仁さん、
出版にあたり編集、制作チームに感謝申し上げます。

野口 光

1つひとつ大切な思い出がつまった布に、
「よしっ!!」とはさみを入れて、
いくつものブローチに仕立てました。

ネクタイの芯

父の北欧土産

コーデュロイ

母のサマードレス

父の
エルメスのネクタイ

野口光　Hikaru Noguchi

テキスタイルデザイナー。ニットブランド「hikaru noguchi」、ダーニング協会主宰。武蔵野美術大学を卒業後、イギリスの大学にてテキスタイルデザインを学ぶ。日本、イギリス、南アフリカ共和国をベースに、インテリアをはじめ、ファッション界でニットデザインのコレクションの発表。世界各地でテキスタイル関連のデザインやコンサルタント、執筆など活動の幅を広げている。近年はダーニング人気の火付け役として、国内外やオンラインでの教室、ワークショップで大勢の人たちを指導している。オリジナルダーニングテクニックを日々研究。オリジナルのダーニングの道具、ステッチ糸もプロデュース。

オリジナル商品のオンラインショップ
https://hikarunoguchi.shop/
Instagram @hikaru_noguchi_design
@darning_by_hikaru_noguchi

STAFF

作品写真
馬場わかな

プロセス写真
漆戸美保

プロセス写真アシスタント
犬飼綾菜

デザイン
廣田萌（文京図案室）

編集
鞍田恵子

校正
横山美和

イラスト
ナガイマサミ

プリンティングディレクション
須藤那智（株式会社シナノ）

モデル
益子実々、益子麻真、Dominic Dawson

作品

野口光
[P33 No.02、P44 No.04、P44 No.05、P45 No.07、P49 No.12、P52 No.16、P53 No.17、P66 No.22、P67 No.24 No.25、P68 No.26、P69 No.28 No.29、P70 No.30、P72 No.34、P73 No.36、P74 No.38、P77 No.39、P81 No.46、P84 No.51、P87 No.55、P92 No.62 No.63 No.64]

中須賀香織
[P33 No.03、P44 No.06、P49 No.10、P51 No.13、P53 No.18、P66 No.23、P77 No.40、P81 No.45、P87 No.54、P88 No.58、P91 No.60 No.61]

神山彩子
[P70 No.31、P71 No.32、P72 No.35、P73 No.37、P83 No.48、P84 No.52、P87 No.53、P91 No.59]

斉藤円
[P33 No.01、P45 No.08 No.09、P49 No.11、P52 No.15、P59 No.19、P71 No.33、P77 No.41、P78 No.43、P83 No.49、P84 No.50]

猪子くみこ
[P59 No.21、P78 No.42、P83 No.47、P88 No.56]

清水久美子
[P51 No.14]

奥田淳子
[P59 No.20]

小串奈美
[P68 No.27]

中村麻美
[P78 No.44]

福島義仁
[P88 No.57]

作品協力
奥田麻由美、手嶋由紀恵

おすすめ材料メーカー＆ショップ

Sewline/株式会社ベステック（https://sewline-product.com/）

株式会社KAWAGUCHI（https://www.kwgc.co.jp/）

CO-（https://co-ws.com/）

横田株式会社・DARUMA（http://www.daruma-ito.co.jp/）

越前屋（https://www.echizen-ya.net/）

株式会社フジックス（https://www.fjx.co.jp/）

DMC（https://www.dmc.com）

エルベール株式会社（https://eruberu.co.jp/）

Wallace Sewell（Instagram @wallacesewell）

maiko dawson（Instagram @maikodawson）

Kilt pin studio（Instagram @kilt_pin_studio）

キルトピン工房N（Instagram @darning_by_hikaru_noguchi）

AKA par akamine

お繕いのテクニックで作る
ダーニングブローチ

2023年11月5日　初版第1刷発行
2023年12月15日　初版第2刷発行

著者
野口光

発行人
川崎深雪

発行所
株式会社山と溪谷社
〒101-0051
東京都千代田区神田神保町1丁目105番地
https://www.yamakei.co.jp/

印刷・製本
株式会社シナノ

●乱丁・落丁、及び内容に関するお問合せ先
山と溪谷社自動応答サービス　TEL.03-6744-1900
受付時間／11:00～16:00（土日、祝日を除く）
メールもご利用ください。
[乱丁・落丁] service@yamakei.co.jp
[内容] info@yamakei.co.jp

●書店・取次様からのご注文先
山と溪谷社受注センター
TEL.048-458-3455 FAX.048-421-0513

●書店・取次様からのご注文以外のお問合せ先
eigyo@yamakei.co.jp